W0284656

Möchten Sie diese Interpretationshilfe lieber am PC oder auf Ihrem Smartphone nutzen? Über folgenden Zugangscode können Sie die digitale Version dieses Bandes freischalten.

WWW.LEKTUEREN-VERSTEHEN.DE

Ihr persönlicher E-Book-Code:

4151-4-HAK67WZD

Alle weiteren Infos finden Sie unter:
www.bange-verlag.de/E-Book

KÖNIGS ERLÄUTERUNGEN SPEZIAL

Textanalyse und Interpretation zu

Juliane Pickel

KRUMMER HUND

Sabine Hasenbach

Alle erforderlichen Infos zur Analyse und Interpretation
plus Musteraufgaben mit Lösungsansätzen

Bange Verlag

Zitierte Ausgabe:
Pickel, Juliane: *Krummer Hund*. Weinheim: Gulliver, 2022.

Über die Autorin dieser Erläuterung:
Sabine Hasenbach hat Mineralogie (mit den Nebenfächern Mathematik, Physik und Chemie) an den Universitäten Köln und Bonn sowie Literaturwissenschaft (mit den Nebenfächern Psychologie und Soziologie) an der FernUniversität in Hagen studiert, wo sie mit einer Arbeit über Katherine Mansfield graduiert worden ist. Sie wohnt in Düsseldorf und arbeitet an der dortigen Heinrich-Heine-Universität. In ihrer Freizeit läuft sie Langstrecke.

Dieses Produkt wurde klimaneutral und nachhaltig produziert.
Alle CO_2-Emissionen, die beim Druck entstanden sind, haben wir durch ein Klimaschutzprojekt ausgeglichen.

FSC www.fsc.org MIX Papier | Fördert gute Waldnutzung FSC® C104521

Druckerzeugnis www.natureOffice.com/DE-077-742055 klimaneutral durch CO_2-Ausgleich

1. Auflage 2024
ISBN: 978-3-8044-3151-5
PDF: 978-3-8044-5151-3, EPUB: 978-3-8044-4151-4
© 2024 by C. Bange Verlag GmbH, Marienplatz 12, 96142 Hollfeld
– www.bange-verlag.de
Alle Rechte vorbehalten, darunter fällt auch eine Nutzung des Werks für Text und Data Mining im Sinne von §44b UrhG!
Titelabbildung: © picture alliance / Westend61 | Sofiya Garaeva
Druck und Weiterverarbeitung: Plump Druck & Medien GmbH, Rheinbreitbach

1 DAS WICHTIGSTE AUF EINEN BLICK – SCHNELLÜBERSICHT

Damit sich alle Leser:innen in diesem Band schnell zurechtfinden und das für sie Interessante gleich entdecken, hier eine Übersicht.

Im 2. Kapitel beschreiben wir das **Leben von Juliane Pickel** und stellen den **zeitgeschichtlichen Hintergrund** dar:

S. 9
- Juliane Pickel wird **1971 in Ratingen bei Düsseldorf geboren**.

S. 11
- Die Handlung von *Krummer Hund* spielt im Zeitraum von **Januar 2020 bis Ende März bzw. Anfang April 2020**. Der Roman ist 2021 erschienen und der **Jugendliteratur** zuzuordnen.

Im 3. Kapitel bieten wir eine **Textanalyse und -interpretation**.

Krummer Hund – Entstehung und Quellen:

S. 15
In *Krummer Hund* wollte Juliane Pickel über die **Einsamkeit eines Jungen in einer Familie** schreiben. Während des Schreibprozesses wurde Daniels **Wut** zum dominierenden Motiv. 2021 erschien das Jugendbuch bei Gulliver, der Jugendbuchreihe des Verlags Beltz und Gelberg.

Inhalt:

S. 17
Der Tierarzt Thomas König schläfert Daniels geliebten Hund Ozzy ein. Daniel leidet unter dem Tod Ozzys, der ein Geschenk von seinem Vater war, der die Familie vor fünf Jahren verlassen hatte und mit dem er keinen Kontakt mehr hat. Seitdem lebt Daniel allein mit seiner Mutter zusammen und leidet unter ihrem Verhalten, die ihn für zerbrochene Beziehungen verantwortlich macht und Daniels Probleme ignoriert. Daniel reagiert darauf mit

einer ungeheuren Wut, die ihn auf Dinge, Tiere und Menschen losgehen lässt. Die Verantwortung für dieses Tun lehnt er ab.

Dem Tierarzt und neuen Freund der Mutter, Thomas König, beginnt Daniel ganz langsam zu vertrauen. Als Alinas Bruder Pascal von Wildern überfahren wird, verstrickt sich Daniel anhand von Halbwahrheiten und Spekulationen in den Verdacht, dass Thomas König der Unfallfahrer gewesen sein könnte.

Daniel verliebt sich in seine Mitschülerin Alina, die er eigentlich hasst und die er zusammen mit seinem besten Freund Edgar beobachtet hat. Daniel gerät immer mehr in den Strudel seiner Gewalt und falscher Verdächtigungen, wer Pascal getötet haben könnte.

Aufbau, Chronologie und Schauplätze:

Pickel erzählt nicht chronologisch und arbeitet mit einigen Rückblenden (Analepsen). Die Handlung setzt am 15.1.2020 ein und erstreckt sich bis in den März/April 2020. Schauplatz ist eine nicht näher benannte Stadt und eine entfernt gelegene kleine Ansiedlung von Häusern. S. 53

Der Roman behandelt familiäre und freundschaftliche Themen von Heranwachsenden und ist wie ein Thriller aufgebaut: Wer tötete Pascal von Wildern?

Hauptfiguren:

Daniel „Danny" Winkler S. 60

- 15-jähriger Schüler mit Gewaltproblem
- leidet unter seiner Mutter, vermisst seinen Vater
- verdächtigt Thomas König eines Unfalls mit Todesfolge (Pascal)

Daniels Mutter, Frau Winkler: S. 65

- verlassene Ehefrau eines verschwundenen Musikers
- hat wenig Verständnis für Daniels Probleme

S. 69 **Tierarzt Thomas König:**

- schläfert Dannys Hund Ozzy ein
- neuer Freund der Mutter, der eine Beziehung zu Daniel aufbaut

S. 71 **Edgar:**

- Mitschüler und Daniels bester Freund
- zusammen beobachten sie Alina von Wildern, die sie hassen

S. 74 **Alina von Wildern:**

- sadistische Mitschülerin, die ihren Bruder Pascal verliert

S. 77 Auch auf die **Nebenfiguren**, die für das Verstehen des Romans von Bedeutung sind, wird eingegangen.

Stil und Sprache:

S. 91 Die Autorin Juliane Pickel erzählt in *Krummer Hund* in der **Ich-Form aus der Perspektive Daniels** und setzt **zahlreiche Motive** ein, die sich wiederholen und dadurch das Erzählte miteinander verknüpfen. Sie verwendet **kurze jugendgerechte Sätze**.

Interpretationsansätze:

Auf folgende Interpretationsansätze gehen wir näher ein:

S. 109 - ***Krummer Hund*** **als Entwicklungsroman**
S. 113 - ***Krummer Hund*** **als Roman über das Schweigen**

JULIANE PICKEL: LEBEN UND WERK

2

2.1 Biografie

Jahr	Ort	Ereignis	Alter
1971	**Ratingen bei Düsseldorf**	Juliane Pickel wird in Ratingen geboren.	
1990	**Münster/ Hamburg**	Studium der Erziehungswissenschaften.	19
1994	**Hamburg**	Pickel zieht nach Hamburg. Sie absolviert eine Fortbildung zur Fachzeitschriftenredakteurin. In der Folge arbeitet sie als Bildungsforscherin, Dozentin und Werbetexterin, bevor sie Mitarbeiterin der Online-Redaktion des *Norddeutschen Rundfunks (NDR)* wird. Sie beginnt mit dem Schreiben von Kurzgeschichten.	23
2017	**Hamburg**	Publikation der Anthologie[1] *Zunächst mal den Winter abwarten.* Darin enthalten ist die Kurzgeschichte *Freier Fall*, für die Pickel den Walter-Kempowski-Literatur-Förderpreis der Hamburger Autorenvereinigung erhält.	45
2018	**Hamburg**	Pickel arbeitet an ihrem Roman *Krummer Hund* und bekommt den Förderpreis für Literatur der Stadt Hamburg.	46
2021		**Publikation des Romans *Krummer Hund***, für den sie zahlreiche Preise erhält: Peter-Härtling-Preis, Luchs des Monats April der Wochenzeitschrift *ZEIT* und *Radio Bremen*, Hauptpreis des Literaturwettbewerbs der Gruppe 48[2]. Außerdem wird sie für den KORBINIAN Paul Maar-Preis nominiert.	49

Juliane Pickel
(*1971)
© Carla Deiters

Hörbuch
Krummer Hund

1 Sammlung von ausgewählten literarischen Texten.

2 Eine literarische Vereinigung, die jährlich drei Lesewettbewerbe veranstaltet: den Preis der Gruppe 48, den Förderpreis der Gruppe 48 und den Themenpreis der Gruppe 48.

2.1 Biografie

Jahr	Ort	Ereignis	Alter
2022		Pickel wird für den rheinland-pfälzischen Jugendbuchpreis Goldene Leslie und den Deutschen Jugendliteraturpreis nominiert. Sie erhält ein Werkstipendium des Deutschen Literaturfonds und das Kranichsteiner Kinder- und Jugendliteratur-Stipendium.	50
2023		Publikation von Pickels zweitem Jugendbuch *Rattensommer*. Saarländischer Kinder- und Jugendbuchpreis.	51
2024		*Krummer Hund* erscheint als Hörbuch (gelesen von Lennart Hillmann) im DerDiwan Hörbuchverlag; das Hörbuch erreicht den ersten Platz auf der hr2-Hörbuchbestenliste 06/2024.	52

2.2 Zeitgeschichtlicher Hintergrund

Zusammenfassung

Die Handlung des Romans *Krummer Hund* beginnt im Januar 2020 und endet im Frühling 2020.
Zeitgeschichtlich relevante Themen in diesem Zeitraum, wie beispielsweise die SARS-CoV-2-Pandemie in Deutschland, werden in dem Roman nicht erwähnt.

Deutschland im ersten Halbjahr 2020

Die Handlung des Romans *Krummer Hund* setzt am 15. Januar 2020 ein. Es ist der Tag, an dem Thomas König Daniels Hund Ozzy einschläfert (vgl. S. 100). Alles Folgende, so die Liebesbeziehung zwischen dem Tierarzt Thomas König und Daniels Mutter, der tödliche Unfall Pascal von Wilderns oder Daniels massive Wutanfälle und ihre Konsequenzen ereignen sich in den Folgewochen bis in den Frühling 2020 (vgl. S. 190).

Kein historisches Zeitgeschehen

Die SARS-CoV-2-Pandemie, die sich ab Januar 2020 in Deutschland auszubreiten begann, wird im Roman nicht erwähnt, der im März 2020 verhängte erste Lockdown inklusive Schulschließungen kommen in *Krummer Hund* ebenfalls nicht vor. Dies ist damit zu erklären, dass Pickel zu einem Zeitpunkt an dem Roman arbeitete, an dem die Pandemie nicht absehbar war (vgl. 3.1 Entstehung).

Die fehlende Berücksichtigung von **SARS-CoV-2** in einem Roman, dessen Handlungszeitraum mit der Ausbreitung der Pandemie zusammenfällt, irritiert. Allerdings ist ein Roman Fiktion und keine Dokumentation. Reale Ereignisse müssen daher nicht zwangsläufig erwähnt werden. So fehlt in *Krummer Hund* beispielsweise auch der Verweis auf den **Brexit**[3], der am 1.2.2020 vollzogen wurde und der ein ähnlich historisches Ereignis ist wie

3 Brexit: Austritt des Vereinigten Königreichs (UK) aus der EU.

die COVID-19-Pandemie. In Pickels Roman stehen die Hauptfiguren und deren Beziehungen im Mittelpunkt, ohne dabei Bezug auf reale weltgeschichtliche Ereignisse zu nehmen.

Jugendbücher über schwierige Familienverhältnisse[4]

- ***No und ich*** von Delphine de Vigan (2009): Die 13-jährige Lou hat ihre kleine Schwester verloren und fühlt sich allein in der Welt. Lou versucht Halt zu finden, indem sie sich um die Obdachlose No kümmert.
- ***Dschihad Online*** von Morton Rhue (2016). Der 16-jährige Bosnier Khalil Yasin lebt mit seinem Bruder Amir ohne die Eltern in den USA. Während Khalil, der seine Eltern vermisst, scheinbar in die amerikanische Gesellschaft integriert ist, zieht ihn sein Bruder Amir in die Welt der Islamisten.
- ***Der Sonne nach*** von Gabriele Clima (2019). Der 16-jährige Dario ist voller Wut, nachdem sein Vater vor Jahren die Familie verlassen hat. Als er zu gemeinnütziger Arbeit verdonnert wird, macht er sich schließlich mit Andy, dem „Halbidioten im Rolli", auf eine abenteuerliche Reise und sucht seinen Vater.
- ***Blackbird*** von Matthias Brandt (2019). Mortens jugendliche Welt gerät aus den Fugen, als sich seine Eltern trennen und sein bester Freund Bogi schwer erkrankt.
- ***Krummer Hund*** von Juliane Pickel (2021).
- ***Toffee. Wie Glücklichsein von außen aussieht*** von Sarah Crossan (2023): Die 15-jährige Allison ist von zuhause abgehauen und findet bei Marla Unterschlupf, die nach und nach die Erinnerung an sich selbst verliert und Allison für ihre Jugendfreundin Toffee hält.

Thematisiert werden schwierige Familienverhältnisse der jungen Protagonist:innen und ihr Umgang damit.

---

4 Nachfolgende Erscheinungsjahre der deutschsprachigen Ausgaben.

2.3 Angaben und Erläuterungen zu wesentlichen Werken

Zusammenfassung

Die Autorin Juliane Pickel verfasste mit *Krummer Hund* (2021) und *Rattensommer* (2023) bisher zwei Jugendromane. Beide Romane handeln von wütenden Heranwachsenden.

Kurzgeschichten

Juliane Pickel begann ihre Schriftstellerkarriere mit dem Verfassen von Kurzgeschichten. Für Ihre Geschichte *Freier Fall* wurde sie 2017 mit dem Walter-Kempowski-Förderpreis prämiert.

Krummer Hund (2021)

Anschließend wagte sie sich an ihren ersten Roman, der den Arbeitstitel *Der Unfall* erhielt. Mit Hilfe eines 2018 verliehenen Förderpreises für Literatur der Stadt Hamburg konnte Pickel den Roman für Jugendliche im Jahr 2020 abschließen. Thematisiert wird in ***Krummer Hund*** die jugendliche Wut von Daniel, der häufig die Kontrolle verliert und dabei auf der Suche nach Freundschaft und Vertrauen ist und sich um die Lösung eines tödlichen Unfalls kümmert. Für die ungeschönte Darstellung des aggressiven Daniel erhielt Pickel 2021 den Peter-Härtling-Preis, den Luchs des Monats April der Wochenzeitschrift *ZEIT* und *Radio Bremen* sowie den Hauptpreis des Literaturwettbewerbs der Gruppe 48. Außerdem wurde der Roman für den KORBINIAN Paul Maar-Preis 2021 nominiert sowie für den rheinland-pfälzischen Jugendbuchpreis Goldene Leslie und den Deutschen Jugendliteraturpreis 2022.

Rattensommer (2023)

Ebenfalls 2022 erhielt Pickel ein Werkstipendium des Deutschen Literaturfonds und das Kranichsteiner Kinder- und Jugendliteratur-Stipendium. Dies ermöglichte ihr die Realisierung ihres zweiten Jugendromans ***Rattensommer***, der im Juli 2023 erschienen ist. Angelegt ist er nach dem Muster von *Krummer Hund*: Auch in *Rattensommer* geht es um jugendliche Wut, Freund-

2.3 Angaben und Erläuterungen zu wesentlichen Werken

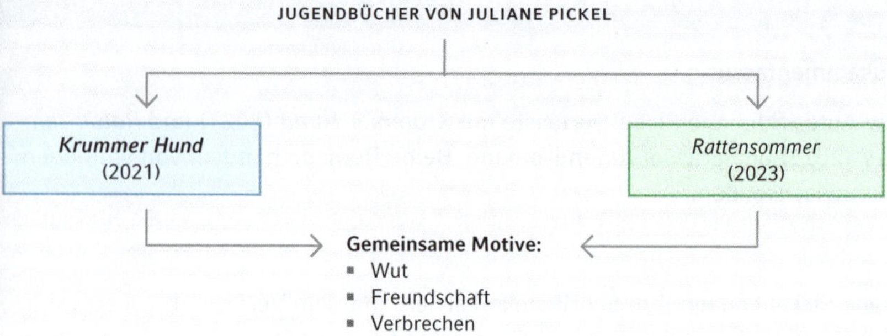

schaft und Vertrauen, ebenfalls wieder kombiniert mit einem Kriminalfall.

Erzählt wird, wie in *Krummer Hund*, von einem jugendlichen Ich-Erzähler bzw. einer Ich-Erzählerin: In *Rattensommer* erzählt die 15-jährige Lou von sich und ihrer Freundin Sonny. Sonnys Mutter wurde vor Jahren von Hagen Bender getötet, der plötzlich wieder in der Stadt auftaucht. Sonny fasst den Entschluss, sich an ihm zu rächen, wobei ihr Lou helfen soll.[5]

5 https://www.beltz.de/kinderbuch_jugendbuch/autor_innen/autorenseite/91891-juliane-pickel.html

TEXTANALYSE UND -INTERPRETATION

3

3.1 Entstehung und Quellen

Zusammenfassung

- In *Krummer Hund* wollte Juliane Pickel über die Einsamkeit eines Jungen in einer Familie schreiben. Während des Schreibprozesses wurde Daniels Wut zum dominierenden Motiv.
- 2021 erschien *Krummer Hund* im Verlag Gulliver, der zu Beltz und Gelberg gehört.

„Spannendster Schauplatz“ Familie

Zum Schreiben kam Juliane Pickel durch ihr Interesse an Sprache. Sie hatte viel gelesen und kam schließlich auf den Gedanken, die Seiten zu wechseln und selbst Prosa zu verfassen. Zunächst übte sie sich in **Kurzgeschichten (vgl. Kapitel 2.3)**, bis sie mit *Krummer Hund*[6] ihren ersten Roman vorlegte. Darin wollte Pickel von einem Jungen erzählen, der „in dieser sehr kleinen Familie [...] so verloren geht“[7]. Dabei wollte sie zeigen, wie dieser Junge versucht, „er selber zu sein und mit diesen Ereignissen, die dann eben passieren, klarzukommen“[8]. Als Jugendroman war *Krummer Hund* ursprünglich nicht konzipiert, wichtig war Pickel allerdings die Existenz eines jungen Ich-Erzählers.

Interview der Autorin mit Christine Knödler

Im Verlauf des Schreibprozesses näherte sich *Krummer Hund* dann der literarischen Gattung **Jugendroman** an und wurde schließlich „von außen“[9] so eingeordnet. Auch der Name des Romans ist das Ergebnis eines Prozesses, wie Pickel in einem Interview mit Christine Knödler erläuterte. Der Arbeitstitel des Romans lautete „Der Unfall“. Pickel war dieser Titel allerdings zu nichtssagend und so überlegte sie sich zusammen mit ihrer

---

6 Der Begriff „Krummer Hund“ bezeichnet einen zwielichtigen, unseriösen Menschen.
7 https://www.youtube.com/watch?v=vYyaC0-xtsE
8 Ebd.
9 https://www.youtube.com/watch?v=qSdtOmW4XWw

Lektorin eine Alternative, wobei sie sich auf *Krummer Hund* einigten, da das Buch „voller krummer Hunde"[10] sei, wobei sie explizit den Tierarzt und Daniels Vater erwähnt.

Wut als dominierendes Motiv

Kernpunkt des Romans sollte für Pickel das soziale Gefüge **Familie** sein. Dabei stellte sich Pickel Daniel als einen Jungen vor, der darin isoliert und einsam ist und darauf mit einer ausgeprägten Wut reagiert. Diese Wut sollte zunächst nicht das dominierende Motiv des Romans sein. Im Zuge des Erzählprozesses wurde sie dann doch zu einem zentralen Motiv, wobei für Pickel die Darstellung dieser Emotion einerseits „reizvoll"[11], aber auch „herausfordernd"[12] war, wie die Autorin in einem Interview mit Anne Sauer äußerte. Pickel wollte die vielen Facetten von Wut zeigen – in Kombination mit einer zunehmenden Verzweiflung. Bei der literarischen Darstellung half Pickel ihr Einfühlungsvermögen in einen Menschen, der seine Emotionen kaum oder gar nicht kontrollieren kann.

Interview der Autorin mit Anne Sauer

Die **Figuren** hatte Pickel in einer Art Rohentwurf konzipiert: Ihr war klar, wie sie aussehen und wie sie handeln würden. Während des Erzählprozesses entwickelten die Figuren jedoch eine Art **Eigenleben**, so die Hauptfigur Daniel. Auch für die Autorin war es manchmal überraschend, „was er als nächstes tut"[13].

Die Figur des **Daniel** setzt auch den Ton des Romans, wie Pickel in dem Interview mit Christine Knödler erläutert:

Tonalität eines 15-Jährigen

> „Der Ton ist über die Hauptfigur zu mir gekommen, glaube ich, über die Hauptfigur Daniel. Als ich sie angefangen habe erzählen zu lassen, ist auch der Ton der Geschichte entstanden und das ist ziemlich intuitiv entstanden, glaube ich. Den Ton hat die Figur mitgebracht."[14]

---

10 Ebd.
11 https://www.youtube.com/watch?v=vYyaC0-xtsE
12 Ebd.
13 Ebd.
14 https://www.youtube.com/watch?v=GQ9UiQwkc7c

3.2 Inhaltsangabe

Zusammenfassung

Daniel Winklers Hund Ozzy wird wegen seiner Krebserkrankung von dem Tierarzt Thomas König eingeschläfert. So lernen sich Daniels Mutter und der Tierarzt kennen und verabreden sich. Daniel, genannt „Danny", hat die Männerbekanntschaften seiner Mutter, für deren Scheitern er von ihr oft verantwortlich gemacht wird, satt. Er zerkratzt Königs Auto und begegnet dem Tierarzt mit Ablehnung.

In der Schule haben Daniel und sein bester Freund Edgar einen Hass auf ihre Mitschülerin Alina, die die anderen in der Klasse demütigt, wann immer sie kann. Danny und Edgar wollen sie dafür gerne bestrafen, beobachten sie und sammeln Informationen über „Princess Evil".

Danny hat oft Aggressionsschübe und wird im Park von Edgar aus einer brenzligen Situation mit einem Hundebesitzer gerettet: Er beichtet Edgar seine häufigen Wutattacken. Auf Wunsch seiner Mutter besucht Danny schließlich die Psychologin Frau Stenzer, um diese gewalttätigen Wutausbrüche in den Griff zu bekommen.

Zusammen mit Edgar besucht Danny eine Party ihres Klassenkameraden Falk Venner. Auch Alina von Wildern ist da, zusammen mit ihrem Bruder Pascal. Am nächsten Tag hat Daniel einen kolossalen Kater und eine großen Beule am Kopf, an deren Ursache er sich nicht erinnern kann. In der Schule erfährt er, dass Pascal von Wildern überfahren und getötet worden ist. Es entwickelt sich eine Suche nach dem Sportwagenfahrer, der Pascal getötet hat, und dabei gerät Thomas König ins Visier von Danny, der schließlich auch Alina näherkommt. Nach und nach lösen sich viele Verwicklungen in Dannys Leben auf.

HUNDEMÖRDER

Hund Ozzy wird eingeschläfert

Der Tierarzt Thomas König hat Daniels krebskranken Hund Ozzy eingeschläfert und fragt Daniels Mutter, ob sie am Abend mit ihm Sushi essen gehen möchte. Daniels Mutter zögert und betrachtet die Hände des Tierarztes: Dies deutet Daniel als ein Zeichen, dass seine Mutter an der Einladung interessiert ist. Daniel realisiert, dass die Liebhaber seiner Mutter bisher Handwerker und Angestellte waren, ein Arzt bzw. Tierarzt war noch nicht darunter. Er ist wütend, weil seine Mutter und der Tierarzt angesichts des toten Ozzy über Sushi reden. Daniel nimmt dem Tierarzt das Einschläfern übel und denkt an seinen Vater, der ihm Ozzy geschenkt hatte, kurz bevor er die Familie verließ.

Daniels Mutter nimmt die Essenseinladung des Tierarztes an. Daniel sieht das auf sich zukommen, was sich bisher immer mit den diversen Liebhabern seiner Mutter abgespielt hat: König wird am nächsten Morgen in der Küche sitzen, er wird mit Daniel über Mädchen und Fußball reden wollen. Sie werden zusammen Urlaub in den Bergen machen, obwohl Daniels Mutter die See bevorzugt, er wird über Bücher reden wollen, was Daniels Mutter nicht interessiert. Schließlich wird er die Mutter verlassen und sie damit in eine tiefe Depression stürzen und sie wird Daniel vorwerfen, dass er durch sein Verhalten die Männer vertreibe.

Daniel zerkratzt den Wagen des Tierarztes

Daniel wickelt den toten Hund in eine Decke. Er denkt an seinen Vater und fragt sich, ob der vielleicht auch tot ist. Er verlässt die Praxis und sieht auf dem Parkplatz den Sportwagen des Arztes. Er geht zum Auto seiner Mutter, legt den toten Hund auf den Rücksitz und spürt einen nahenden Kontrollverlust. Er kennt diese ungeheure Wut, als deren Folge er einmal einen Zigarettenautomaten zerstört hat. Er geht zum Sportwagen des Tierarztes und zerkratzt den Lack.

BYE-BYE, OZZY

Daniel stellt sich das Dasein seines Vaters vor

Daniel begräbt Ozzy im Garten und kämpft mit der schweren Erde. Seine Mutter steht daneben und versucht ihn mit allerlei Bemerkungen zu trösten, die Danny alle wütend machen. Daniel schlägt ihr vor, ins Haus zu gehen, was sie tut. Mühevoll hievt Daniel den toten Hund in sein Grab. Er stellt sich seinen Vater vor, der dem toten Ozzy mit einem Glas Whisky zuprostet. Es fällt Daniel sehr schwer, den toten Hund mit Erde zuzuschaufeln.

Erst als er weder ein Bellen noch ein Winseln hört, geht auch er zurück ins Haus.

DODGE CITY

Duellsituation

Thomas König läutet an der Tür – Daniel lässt ihn erst einmal draußen warten, dann öffnet er schließlich doch die Tür. Der Tierarzt trägt lässige Alltagskleidung und hat keine Blumen mitgebracht. Daniel bittet König nicht ins Haus. Sie stehen sich gegenüber und starren sich an. Daniel sagt, dass die Mutter immer zu spät sei und manchmal Verabredungen vergesse. Thomas König erwidert, dass er Schwierigkeiten möge. Daniels Mutter erscheint, gibt König zu verstehen, dass sie kein Sushi essen möchte, und fragt nach den fehlenden Blumen. König nimmt einfach ihre Hand und zieht sie mit sich. Daniel schaut ihnen nach und malt sich das Verhalten seiner Mutter im Restaurant aus.

Edgars Trost

Er schickt Edgar eine Nachricht, der antwortet mit einer selbst angefertigten Zeichnung von verkrüppelten Bäumen, und Daniel weiß, dass Edgar wieder zum Malen unterwegs ist. Daniel bastelt ein Holzkreuz für Ozzys Grab und schickt ein Bild davon an Edgar. Edgar schickt ihm daraufhin eine Zeichnung von Ozzy im Liegestuhl im Hundeparadies. Zunächst lacht Daniel, dann muss er weinen.

DEATH = TOD

Unerwarteter Gesprächsverlauf

Am nächsten Morgen will Daniel wie immer mit Ozzy Gassi gehen, als ihm plötzlich einfällt, dass der Hund tot ist. Seine Mutter nimmt ihn tröstend in den Arm, was er eher widerwillig über sich ergehen lässt. Um dem Tierarzt, der in der Küche mit Obst werkelt, nicht zu begegnen, will Daniel auf das Frühstück verzichten. Seiner Mutter zuliebe geht er doch in die Küche, aber Daniel empfindet den Tierarzt als störend: in der Küche und in seinem Leben.

Thomas König stellt Daniel einen Smoothie hin und fordert ihn auf, das zu trinken. Daniel weigert sich mit einem Verweis auf eine angebliche Allergie. Er will aufstehen und gehen, doch ein warnender Blick seiner Mutter veranlasst ihn zu bleiben. „Manchmal wünschte ich, dass meine Mutter sich damals vom Acker gemacht hätte und nicht mein Vater." (S. 22) Der Tierarzt fragt Daniel nach seinem Alter und Daniel rechnet mit dem üblichen Gespräch über Mädchen und Fußball. König sagt, dass man sich im Alter von 15 Jahren manchmal den Tod der Mutter wünsche, was Daniel verblüfft. Der Tierarzt erzählt, dass sich seine eigene Mutter erhängt habe, als er 15 war. Er habe sich immer gewünscht, dass sie verschwinde, weil er dann endlich frei wäre, erzählt König weiter. Daniel erwidert, dass seine Mutter lebendig, aber der Hund tot sei. König antwortet, dass es manchmal Zeit brauche, es zu verstehen. Dann schiebt er Daniel den Smoothie hin mit der Bemerkung, dass er helfe. Daniel nimmt das Glas und trinkt und merkt, dass es tatsächlich hilft.

PRINCESS EVIL

Daniel liebt Mathe und hasst Alina von Wildern

Daniel und Edgar treffen sich vor der Schule. Edgar spart sich die Frage, wie es Daniel geht, er sieht es. Sie gehen hinter die Turnhalle, Edgar holt einen Flachmann aus der Tasche und zusammen trinken sie auf Ozzy: „Auf den alten Stinker" (S. 24).

Der Schultag beginnt mit Daniels Lieblingsfach Mathematik. Gerne verknüpft er biografische Daten mit Statistik, so die Anzahl der Liebhaber seiner Mutter und deren Durchschnittsalter und die Anzahl der Monate, die seine Mutter braucht, um über das Verlassenwerden hinwegzukommen. Heute allerdings kann er sich weniger gut konzentrieren, da er an seinen toten Hund denken muss. Um sich abzulenken, schaut er nach Alina von Wildern, die wie immer gelangweilt scheint. Er und Edgar nennen sie „Princess Evil" (S. 25), da sie „adlig aussieht" (S. 25), sich aber verletzend und sadistisch verhält. Das repräsentative Haus der von Wildern nennen sie „Residence Evil" (S. 25). Alina macht es Spaß, ihre Mitschüler:innen und Lehrer:innen zu demütigen: so Jenny Bluhm, deren Vater im Gefängnis ist, mit einer Frage nach dem nächsten Urlaub oder indem sie Enzos Stuhl einfach mit dem Fuß wegtritt, damit er mit seiner Erzählung aufhört, die sie beim Lesen stört.

Alina von Wildern vs. Frau Köpke

Die Mathematiklehrerin Frau Köpke holt Alina, die wie immer in einem Buch liest, an die Tafel. Alina unterstellt Frau Köpke, dass sie von der Liebe keine Ahnung hat, spielt auf das Alter Frau Köpkes an und schreibt schließlich die gewünschte Formel an die Tafel. Frau Köpke kommentiert Alinas Auftritt mit Ironie, Alinas Antwort ist ebenfalls ironisch.

Daniel und Edgar hassen Alina von Wildern und wollen sich irgendwann an ihr rächen, wenn sie ihre Schwachstelle herausgefunden haben. Deshalb beobachten sie die Mitschülerin und sammeln Informationen über sie. Sie nennen dieses Vorgehen ihr „Projekt" (S. 29) und sie begannen es, nachdem sie beobachtet hatten, dass Alina eilig aus dem Büro des Englischlehrers Mr. Archer gekommen war: Sie vermuteten eine Erpressung Archers durch Alina und beschlossen, ihr hinterherzuspionieren. Daniel schaut Alina an, die seinen Blick bemerkt und ihm den Stinkefinger zeigt.

EXPLOSION

Daniel greift einen Hund und dessen Besitzer an

Daniel ist seit Ozzys Tod immer zu früh unterwegs und will deshalb Alina beobachten. Er geht durch den Park, den er immer mit Ozzy besucht hatte. Ein „Alki" (S. 31), der mit seinem Dobermann ebenfalls regelmäßig den Park aufsucht und auch Ozzy kannte, fragt Daniel nach dem Hund. Daniel gibt ihm einen blöden Spruch, versucht ihn zu ignorieren und geht weiter. Er gelangt in die Nähe von Alinas Haus und textet Edgar, dass es dort ruhig ist. Plötzlich steht der Alkoholiker hinter ihm und fragt erneut nach Ozzy. Der Dobermann springt an Daniel hoch, was er sonst nie getan hat. Daniel versucht vergeblich, den Hund abzuwehren. Der Mann erklärt Daniel, dass der Hund ihn trösten will. Zunächst versucht Daniel, das Tier wegzustoßen. Als das misslingt, tritt er den Hund – immer wieder. Dann geht er auch auf den Hundebesitzer los. Edgar erscheint plötzlich und geht dazwischen. Daniel fragt sich, was er ohne seinen Hund sei, als Alina mit dem Fahrrad aus dem „Schloss" fährt.

100 SACHEN

Daniels Mutter erfährt von der Misshandlung des Hundes

Daniel und Thomas König sitzen im Lotus, der Arzt fährt mit hoher Geschwindigkeit durch den Ort. Zuvor hatte Daniel ein ernstes Gespräch mit seiner Mutter: Deren Kollegin Katja hatte Daniels Angriff auf den Hund und seinen Besitzer beobachtet und Daniels Mutter darüber informiert. Diese macht ihm im Beisein Thomas Königs schwere Vorwürfe. Daniel stört sich an der Anwesenheit Königs. Daniels Mutter wollte, dass er zusammen mit dem Tierarzt etwas unternimmt, und sie macht klar, dass sie grundsätzlich eine Verhaltensänderung von ihm erwartet: Nun sitzen Daniel und der Tierarzt in dem Sportwagen.

Daniel gibt sich äußerlich unbeeindruckt, doch er ist nervös und beginnt Sachen zu zählen, um sich zu beruhigen. Als König an einer Ampel in der Nähe der Villa der Familie von Wildern halten muss, beobachtet Daniel einen Jungen, der durch das Tor kommt. Er hält ihn für Alinas Freund.

Fahrt mit dem Lotus

König erklärt Daniel, dass ihn sein Verhalten und die Gründe dafür nicht interessieren und dass er nicht sein „Kindermädchen" (S. 39) sei. Er steuert das Auto auf einen abgelegenen Parkplatz, steigt aus und fordert Daniel auf, auf dem Fahrersitz Platz zu nehmen. Daniel soll den Lotus, den „Zig-tausend-Euro-Schlitten" (S. 40), starten und damit über den Parkplatz fahren: Daniel beginnt vorsichtig, dann beschleunigt er, was ihm ungeheuren Spaß bereitet, sodass er Runde um Runde fährt, ohne auf dem verschneiten Untergrund ins Rutschen zu kommen. Zum Schluss bringt er den Wagen souverän zum Stehen: „Ich sehe zum Doc rüber. Er hat die Augen geschlossen." (S. 41)

Thomas König fährt in *Krummer Hund* einen grünen Sportwagen der Marke Lotus.
© picture alliance / Photoshot

SKIFAHREN FÜR ARME

Daniel und Edgar trinken in Pollys Kiosk Kaffee. Edgar ist angesichts Daniels gewalttätigem Verhalten im Park irritiert. Sie schwänzen den Unterricht und fahren schließlich mit dem Zug in einen kleinen Ort, wobei sie sich in wilden Fantasien über Alina von Wildern ergehen.

Gemeinsam einsam

Sie laufen im Schnee zu einem der Häuser auf einem Hügel: Edgar nimmt den Haustürschlüssel aus einem Versteck und öffnet die Haustür. Sie gelangen in einen Raum mit vielen Skulpturen, Bildern und Staffeleien. Edgar erklärt Daniel, dass der Bewohner des Hauses „Benno" heiße, Künstler sei und sich, wie so oft, in der Psychiatrie befinde. Benno habe Edgar erlaubt, das Haus zu benutzen, wann immer er möchte. Edgar erzählt, dass er in

Bennos Haus flüchte, wenn es ihm zu Hause zu einsam sei. Auf Daniels Frage, ob es ihm in diesem Haus nicht zu einsam sei, antwortet Edgar, dass man immer nur in Gesellschaft einsam sei. Daniel denkt an seine Mutter und an das Gefühl der Einsamkeit, das ihn manchmal in ihrer Gesellschaft beschleicht.

Daniel spricht mit Edgar über die Sache im Park

Edgar legt eine CD mit klassischer Musik auf, Daniel entspannt sich. Anschließend rodeln sie und essen Pizza, zu der sie Schnaps trinken. Schließlich erzählt Daniel Edgar von seinen Aggressionsschüben, die er nicht kontrollieren könne und nach denen er sich schlecht fühle. Edgar sagt ihm, dass er während des Ausrasters im Park wie ein Fremder auf ihn gewirkt habe. Daniel erwidert, dass er dann nicht er selbst sei. Gegen Abend fahren sie wieder zurück in die Stadt.

PARTYMATERIAL

Verabredung zur Party, um Alina zu beobachten

In der Klasse lädt Falk Venner mit einem Flyer alle zu einer Party ein. Daniel möchte die Party nicht besuchen. Aber Edgar lockt Daniel damit, dass auch Alina von Wildern da sein wird und Daniel mit ihr tanzen kann. Daniel ist noch nicht überzeugt, da er die Abneigung seiner Mitschüler fürchtet, die die Gerüchte von seiner Attacke im Park gehört haben und ihm mit Argwohn begegnen. Daniel berichtet Edgar, dass Thomas König den von Daniel angegriffenen Mann hatte überreden können, auf eine Anzeige zu verzichten. Daniel hatte das zunächst als Einmischung des Arztes empfunden. Aber nach weiteren Überlegungen kommt er zu dem Schluss, dass Thomas König sich „darum gekümmert hat" (S. 51) – was ihm gut gefällt.

Alina triezt Pia

Alina betritt die Klasse und geht zu ihrem Platz. Am Nachbartisch sitzt Pia, die eine neue Frisur hat und sich noch ein wenig stylt. Alina möchte von Pia wissen, ob sie verschlafen habe. Die verunsicherte Pia fragt, wie sie darauf komme. Alina deutet mit einer abfälligen Kopfbewegung auf die Haare. Pia weiß nicht, was sie sagen soll. Als Daniel das gesehen hat, sagt er Edgar für die Party zu.

SOHN DES ZEUS

Daniel findet im Bad den Rasierpinsel von Thomas König, der jetzt häufiger im Hause Winkler ist. Daniel fühlt sich von seiner Mutter übergangen, weil sie ihn nicht über den Quasi Einzug des Arztes befragt hat. Er stellt sich seinen Vater vor, der ihn mit einem Glas Whisky nach seinem Befinden fragt, wobei er ihn „Sohn des Zeus" (S. 54) nennt. Daniel erinnert sich, dass seine Mutter nach dem Verschwinden des Vaters weder eine Unterhaltsklage erhoben noch nach ihm gesucht hat. Manchmal googelt Daniel seinen Namen, um zu schauen, ob er ein erfolgreicher Musiker geworden ist – doch Daniel findet nichts.

Daniel weiß nichts über den Verbleib seines Vaters

Daniel zeigt dem imaginierten Vater den Rasierpinsel und sagt, dass seine Mutter „schon wieder" (S. 55) einen neuen Freund habe. Der eingebildete Vater fragt, ob es einer mit Geld sei. Daniel antwortet, dass er Tierarzt sei, und will ihm erzählen, dass der Tierarzt Ozzy eingeschläfert hat. Daniels Mutter steht plötzlich ungeduldig im Bad, das Trugbild des Vaters löst sich auf.

RAUSCH

Edgar und Daniel glühen zu Hause bei Bier und Musik etwas vor, bevor sie zu einer von Venners legendären Partys gehen. Dort legt Edgar einen merkwürdigen Tanz hin: Er zuckt wie unter Stromstößen, wobei er aus Versehen Goran trifft, was dieser wenig lustig findet. Daniel gesellt sich zu Edgar, beide tanzen ausgelassen. Eine angetrunkene Jenny Bluhm kommt zu ihnen, hält Daniel einen Becher Gin hin und erzählt ausgiebig von einem Kinofilm. Daniel ist angeödet und aus Langeweile trinkt er von dem Gin.

Pascal von Wildern ist drogenabhängig

Alina erscheint in Begleitung eines Jungen auf der Party. Sie sieht sehr gut aus und Daniel, der eigentlich etwas Abfälliges über sie sagen will, verschlägt es die Sprache. Er und Edgar halten den Jungen für Alinas Freund: Es ist der gleiche Typ, den Daniel bereits vor dem „Schloss" gesehen hat. Jenny Bluhm klärt sie darüber auf, dass der unbekannte Junge Alinas jüngerer

Bruder ist. Er sei psychisch labil, nähme Drogen und besuche ein Internat. Die Beziehung zwischen den Geschwistern sei sehr eng, erläutert Jenny, sie würden sich häufig besuchen. Erst im letzten Jahr habe Alina ihren Bruder unter Lebensgefahr von den Bahngleisen geholt. Befriedigt stellt Edgar fest, dass bei der Familie von Wildern nicht alles so makellos ist, wie es scheint. Daniel stimmt ihm zu.

BLACKOUT

Daniel hat am Tag nach der Party eine merkwürdige Beule am Kopf

Am nächsten Tag, einem Sonntag, kann sich Daniel an fast nichts mehr erinnern: Nur noch daran, dass Thomas König ihn wohl von der Party abgeholt hatte. Daniel hat einen ziemlichen Kater vom Gin und ihm ist schlecht. Am frühen Nachmittag schleppt er sich in die Küche, wo er auf seine schlecht gelaunte Mutter trifft: „‚Du siehst aus wie dein Vater', sagt sie." (S. 66) Sie spricht ihn auf eine große Beule an seinem Kopf an. Daniel kann sich nicht erinnern, wie sie zustande gekommen ist: Hat er sich vielleicht wieder geprügelt?

Er fragt seine Mutter nach Thomas König, der inzwischen häufig lecker für sie kocht oder backt. Seine Mutter antwortet nervös, dass sie nicht wisse, wo er sei. Der Tierarzt kommt erst am späten Nachmittag mit der Begründung, dass er in der Praxis einen vergifteten Labrador habe behandeln müssen. Daniels Mutter weiß nicht, ob sie das glauben soll. Auch Daniel ist skeptisch, hofft aber, dass König die Wahrheit sagt.

MR. ARCHER UND DER TOD

Pascal von Wildern wurde überfahren

Am nächsten Tag teilt der Englischlehrer Mr. Archer der Klasse mit, dass Pascal von Wildern nach der Party überfahren und getötet worden ist: Alina werde in der nächsten Zeit erst einmal nicht am Unterricht teilnehmen und die Klassenkameraden könnten ihr Karten schicken oder Blumen vorbeibringen. Diese Vorstellung findet Daniel ziemlich absurd, da niemand mit Alina befreundet ist.

Falk Venner fragt den Lehrer, ob man denn wisse, wer Pascal getötet habe. Archer verneint und verweist auf die Ermittlungen der Polizei. Dann fordert er die Klasse auf, ihm mögliche Hinweise mitzuteilen. Als er den Unterrichtsraum verlässt, um ein Fernsehgerät zu holen, beginnen die Schüler über das Geschehen zu reden. Falk Venner wünscht dem Unfallfahrer einen Spezialplatz in der Hölle. Matze meint, dass von Wildern sich selbst vor das Auto geworfen haben könnte, da er ein „Psycho" (S. 71) gewesen sei, was Jenny Bluhm kritisiert. Matze fragt sie, warum sie sich dafür interessiere, was über Pascal von Wildern gesagt wird, eigentlich müsse sie sich freuen, da sie von Alina schlecht behandelt würde. Jenny erwidert, dass sie nicht wie Alina sei. Daniel beobachtet Edgar, der nichts sagt und schuldig dreinschaut.

KALT

Edgar spricht Daniel bei einem Spaziergang auf dessen Beule an. Daniel kann sich immer noch nicht erinnern und fragt Edgar, ob er sich auf der Party geprügelt habe. Edgar verneint und klärt ihn darüber auf, dass er mit Jenny Bluhm getanzt habe, was Daniel etwas peinlich ist. Daniel muss immer an Archers Worte denken, dass Pascal von Wildern tot ist, und versucht, mit Edgar darüber zu sprechen. Edgar blockt ab und sagt, dass Alina jetzt Schmerz kennenlerne.

Panischer Anruf von Daniels Mutter

Sie spekulieren darüber, wer Pascal totgefahren haben könnte. Edgar überlegt, ob es nicht einer der Partygäste gewesen sein könnte, doch Daniel weist darauf hin, dass die meisten keinen Führerschein haben. Daniels Mutter ruft auf Daniels Handy an. Panisch sagt sie, dass Thomas König nicht zu einer Verabredung gekommen sei. Daniel versucht seine Mutter zu beruhigen, aber er hat auch Angst, dass „der ganze Scheiß von vorne losgeht" (S. 76). Edgar möchte nach Hause gehen und an einem neuen Bild arbeiten. Daniels Frage, was das für ein Bild sei, ignoriert er.

Daniel demoliert Jennys Fahrrad

Um den Gefühlen seiner Mutter zu entgehen, trödelt Daniel herum. Er denkt daran, was geschehen wird, wenn Thomas König tatsächlich nicht mehr wiederkommt. War ihm vorher kalt, ist ihm jetzt heiß. Um nicht die Kontrolle über sich zu verlieren, beginnt er Stoppschilder und Mülltonnen zu zählen sowie den Buchstaben Z auf den Nummernschildern der Autos. Doch seine Wut wächst und wächst. Er gelangt auf den Schulparkplatz. Seine Mutter ruft erneut an, doch Daniel ignoriert den Anruf. Schließlich gibt er seiner wachsenden Wut nach und zerstört Jenny Bluhms Fahrrad – obwohl er weiß, dass sie kein Geld für ein neues Rad haben wird. Als sein Anfall vorbei ist, steht er vor dem demolierten Rad und denkt, dass etwas anderes in ihm das getan hat, nicht er selbst: „Ich bin das nicht. Das bin nicht ich." (S. 79)

KOMMISSAR VENNER

Verdacht gegen Mr. Archer

Falk Venner behauptet, dass Mr. Archer Pascal von Wildern überfahren habe. Edgar hält die Behauptung für falsch. Venner besteht auf seinem Verdacht und begründet ihn mit Archers Betroffenheit, als er der Klasse den Tod des Jungen mitgeteilt hat. Außerdem habe er bei der Unfallstelle dessen Auto gesehen, erzählt Falk Venner. Die Frage Edgars, ob er auch Archer gesehen habe, verneint Venner. Er kann auch nicht sagen, was für ein Auto es gewesen war, eine „Angeber-Karre" (S. 82) sei es gewesen. Weiter berichtet er, dass der Fahrer des Wagens an der Unfallstelle unvermittelt Gas gegeben habe und weggefahren sei. Jenny Bluhm wirft ein, dass das nichts beweise. Daniel fragt nach der Farbe des Wagens: Venner weiß sie nicht.

STATISTIK

Thomas König tut Daniels Mutter gut

Daniel kommt nach Hause und findet seine Mutter singend vor. Das tut sie nur, wenn es ihr gut geht – wie in der ersten Zeit ihrer Ehe. Er sieht die Schuhe vom „Doc" Thomas König im Flur stehen und bewundert ihn widerwillig, da er aus seiner Mutter wieder einen fröhlichen Menschen gemacht hat. Er fühlt so etwas wie Neid oder Eifersucht auf den Tierarzt, weil er etwas geschafft hat, was Daniel versagt geblieben ist. Dann sagt er sich, dass er von einer gut gelaunten Mutter profitiert, fragt sich allerdings, wie lange die Beziehung zwischen Thomas König und seiner Mutter wohl halten wird. Ihm ist klar, dass ein Scheitern der Beziehung auch hart für ihn selbst werden wird.

GOLD

Mr. Archer beauftragt Daniel gegen seinen Willen, Alina Unterrichtsmaterial zu bringen. Edgar findet das großartig und fordert Daniel auf, sich bei den von Wilderns umzuschauen und zu fotografieren. Auf dem Weg zu Alina überlegt Daniel, die Unterlagen in den Müll zu werfen, doch dann siegt seine Neugierde und er fährt zum „Schloss". Das Tor zum von Wildern'schen Anwesen wird erst beim zweiten Läuten geöffnet. Daniels Blick fällt auf fünf Oldtimer, die auf den ersten Blick sehr beeindruckend wirken. Auch die Gartenanlage erscheint prachtvoll, doch auf den zweiten Blick sehen Autos und Garten vernachlässigt aus.

Bei Princess Evil

Daniel betätigt den schweren Türklopfer. Wieder lässt man ihn warten, bis schließlich ein Mann erscheint. Daniel stellt sich vor und erklärt, dass er Alina die Hausaufgaben bringe. Der Mann öffnet die Tür, weist auf eine große Treppe und fordert Daniel auf hinaufzugehen. Daniel will dem Mann die Unterlagen geben, doch der lehnt ab mit der Begründung, dass er kein Dienstbote sei. Daniel steigt also die Treppe hinauf und gelangt in einen Flur mit mehreren Zimmern. Die Tür zu Alinas Zimmer ist geöffnet. Alina selbst ist in ein „Ballerspiel" (S. 92) vertieft. Als sie Daniels Stimme hört, ist sie zuerst erschrocken, dann verärgert. Daniel entschuldigt sein Kommen und erklärt ihr, dass er ihr im Auftrag Archers Unterrichtsmaterial bringe und übergibt ihr eine Mappe und das Buch *Lord of the Flies* von William Golding. Alina erklärt Daniel, dass sie das Buch bereits zweimal gelesen habe, und fordert ihn auf, es wieder mitzunehmen. Dann setzt sie ihr Spiel fort.

„Johnny"

Daniel schaut sich im Zimmer um. An der Wand hängen drei Porträts ihres Bruders. Alinas Mutter erscheint, sie ist von Daniels Anwesenheit überrascht. Alina erklärt, dass Daniel gerade gehen wolle, wobei sie ihn „Johnny" nennt. Frau von Wildern macht ihm klar, dass Besuch zurzeit nicht erwünscht sei, dann verlässt sie das Zimmer. Daniel zögert, schaut noch einmal auf die Porträts von Pascal und fragt Alina, wie ihr Bruder gewesen sei. Alina antwortet zu seiner Überraschung, dass man das nicht beschreiben könne. Nach einigem Zögern verabschiedet er sich und drückt sein Bedauern über den Tod Pascals aus, woraufhin Alina sagt, dass ihr das nichts bringe. Anstatt nun zu gehen, schaut Daniel Alina bei dem Spiel zu. Er würde ebenfalls gerne spielen. Alina spürt es und schaut ihn neugierig an. Er weist sie darauf hin, dass er Daniel heißt. Alina erwidert, dass sie das wisse, Johnny aber besser klinge. Daniel stellt sich seinen Vater vor, der ihn in Erinnerung an einen Gitarristen gerne Johnny genannt hätte, was seine Mutter aber verhindert hatte.

Als Daniel schließlich gehen will, sagt Alina, dass es ihr etwas bringe, wenn er den Unfallfahrer kennen würde. Mit dem würde sie dann das machen, was sie in dem Spiel praktiziere, wobei sie nacheinander fünf Nazis erschießt. Als Daniel das Haus verlässt, stößt er auf Alinas Vater, der ihn mit leerem Blick ansieht. Edgar schreibt ihn an und fragt, wie es gewesen sei. Daniel antwortet ihm, dass nicht alles Gold sei, was glänze.

HIMMEL UND HÖLLE

Daniel bekommt ein Video von Alina: Es zeigt ihren krank aussehenden Bruder Pascal, der unangenehm lächelnd in die Kamera schaut, einen Joint raucht und sich schließlich vollkommen bekleidet in einen winterlichen See fallen lässt.

Thomas König klingelt an der Tür und gemeinsam mit Daniel schleppen sie einen schweren, in eine Decke gewickelten Gegenstand in den Garten. Als der Doc die Hülle entfernt, sieht Daniel, dass es ein Grabstein für Ozzy ist. Daniel ist vollkommen überrascht und so gerührt, dass er beinahe weint. Ihm gefällt die Sachlichkeit, mit der der Tierarzt den Stein platziert. Daniels Mutter kommt hinzu. Daniel überlegt, ob er den Tierarzt nicht in Zukunft „Thomas" nennen soll.

Defekter Scheinwerfer am Lotus

Zu dritt nehmen sie ein entspanntes Abendessen ein, anschließend spielen sie gemeinsam Skat. Auf Bitten seiner Mutter bringt Daniel schließlich den Müll nach draußen, wobei ihm auffällt, dass etwas an dem Lotus anders ist als sonst. Später wird ihm klar, dass der Wagen nicht mit der Fahrerseite zur Straße geparkt ist, wie das sonst immer der Fall ist. Daniel geht zu dem Auto und entdeckt einen Schaden am rechten vorderen Scheinwerfer. Ein Stück Plastik ist herausgebrochen und darunter sieht er eine Delle. Eine Hitzewelle durchzieht Daniels Körper.

HITZE

Edgars Mutter Maria

Daniel ist bei Edgar, der an einer heftigen Zeichnung arbeitet (vgl. S. 104). Seine Mutter betritt das Zimmer, serviert Kakao und Kekse und schaut sich Edgars Zeichnung an. Edgar provoziert sie mit weiteren Details, die er der Zeichnung hinzufügen will: Edgars Mutter reagiert dennoch unbeeindruckt. Daniel denkt, dass seine Mutter ihn bei solchen Zeichnungen direkt in die Psychiatrie einweisen ließe. Er überlegt, was besser ist: eine Mutter, die ihn für alles Schlechte in der Welt verantwortlich macht, oder eine, die das Grauen in den Bildern ignoriert.

Edgar fordert Daniel auf, von seinem Besuch bei den von Wilderns zu berichten, und so erzählt Daniel von dem Butler, Alinas nachlässiger Kleidung, von deren Eltern und den „maroden Autos". Edgar fühlt sich in der Annahme, dass bei der Familie von Wildern etwas nicht stimmt, bestätigt – worüber er sich wie ein Kind freut. Daniel imitiert den Hausangestellten, was für noch größere Heiterkeit sorgt.

Daniel verschweigt Edgar einige Details

Alinas Video verschweigt Daniel, auch von dem defekten Scheinwerfer an Thomas Königs Lotus erzählt er Edgar nichts. Edgar kündigt an, dass sie bezüglich des Rachefeldzugs gegen

Alina in eine neue Phase eintreten sollten: Daniel reagiert darauf ablehnend. Edgar stellt verschiedene abstruse Thesen über Alinas Familie auf. Daniel versucht Edgar auf den Boden der Tatsachen zurückzuholen und denkt an den beschädigten Lotus. Edgar will wissen, wie sie nun weiter vorgehen sollen. Für einen Augenblick hat Daniel Mitleid mit Alina, dann denkt er an ihr verletzendes Verhalten in der Schule. Edgar fordert ihn auf, nochmals zu Alina zu gehen.

ROSA ELEFANTEN

Daniel muss eine Therapie bei Frau Stenzer machen

Daniels Mutter ermahnt Daniel nachdrücklich, keinen Mist mehr zu bauen (S. 110). Sie berichtet, durch Jennys Mutter von der Zerstörung des Fahrrads erfahren zu haben. Obwohl die Beschreibung des Jungen auf Daniel passe, habe sie ihren Sohn gedeckt. Doch nun müsse eine Verhaltensänderung her, da sie mit Thomas König zusammenbleiben wolle, der sicher keine Lust auf einen „Schläger" (S. 111) habe. Sie appelliert an Daniel, sie zu unterstützen, und eröffnet ihm, dass er zukünftig zu der Therapeutin Frau Stenzer gehen werde.

Daniel weiß nicht, ob er den Tierarzt weiter in seinem Leben haben will, möchte aber auch nicht, dass seine Mutter erneut verlassen wird. „Ich krieg das hin. Wenn ich ein bisschen weniger ein Freak bin, krieg ich das hin. Ich kann jemand anders sein. Ich kann das." (S. 113)

LAUFEN

Tat und Verantwortung

Die Sportlehrerin Frau Lauer lässt die Schüler:innen einen 1000-Meter-Lauf absolvieren. Auch Jenny Bluhm nimmt daran teil, was Daniel sehr unangenehm ist: Er muss an das demolierte Fahrrad denken. Sie fragt Daniel, wer Pascal von Wildern überfahren haben könnte, und sagt, dass der Täter sicherlich gefunden werde. Wenn nicht, würde er trotzdem mit seiner Tat konfrontiert sein, allein durch sein Wissen, ein „Schwein" (S. 115) zu sein. Daniel beschleunigt sein Lauftempo, doch Jenny hält locker mit. Daniel sagt, dass man viel verdrängen könne, doch Jenny verneint das und sagt, dass manche darüber den Verstand verlören. Der inzwischen keuchende Daniel stellt das infrage. Jenny beharrt darauf, dass diese Menschen auf irgendeine Art Verantwortung übernehmen müssen. Dann beschleunigt sie und hängt Daniel ab.

NICHT WÜTEND

Daniels Wut

Daniel ist erstmals bei Frau Stenzer, der Psychologin. Sie fordert ihn auf, von sich zu erzählen. Er fragt sie provokant, was seine Mutter ihr bezahle. Frau Stenzer lacht die Frage einfach weg und möchte den Grund seiner Wut wissen. Daniel streitet ab, wütend zu sein, doch Frau Stenzer lässt nicht locker. Daniel findet die Frage falsch gestellt und schweigt. Frau Stenzer bleibt hartnäckig und will von Daniel wissen, an wen er denkt, wenn er wütend ist. Auch diese Frage empfindet Daniel als falsch. Doch da er seiner Mutter das Versprechen gegeben hat, sich Mühe zu geben, antwortet er Frau Stenzer, dass er an niemanden denke.

Rückblick: Daniels Vater verlässt seine Familie

Frau Stenzer lässt sich von Daniel bestätigen, dass sein Vater die Familie verlassen hat, als Daniel zehn Jahre alt gewesen war. Daniel behauptet, sich an nichts erinnern zu können. Dabei erinnert er sich an jede Einzelheit. Sein Vater hat seine Gitarren und mehrere Taschen in den Kofferraum seines Autos gepackt. Daniel hat sich einzureden versucht, dass sein Vater nur eine Tour mit seiner Band antritt, abends anrufen und nach einigen Wochen wieder da sein wird. Er hat gehofft, dass seine Mutter von der Arbeit kommen und den Vater aufhalten werde. Zuvor hatte ihm sein Vater Ozzy geschenkt. Daniels Mutter ist genau in dem Augenblick erschienen, als der Vater losgefahren ist. Erfolglos hat sie den Wagen mit ihrem Fahrrad verfolgt.

Vaterlos und wütend

Frau Stenzer fragt Daniel, ob er wütend auf seinen Vater sei, was er fühle, wenn er an ihn denke. Daniel zuckt mit den Schultern, für ihn ist die Mutter das Problem und nicht der Vater. Die Therapeutin legt ein Kissen vor Daniel auf den Boden, deutet darauf, sagt ihm, dass das seine Wut sei, und fragt ihn, was ihm seine Wut zu sagen habe. Daniel schweigt und beginnt die Blumen des Kissenmusters zu zählen. Frau Stenzer ermutigt ihn, etwas zu sagen. Daniel stellt sich seinen Vater auf dem Kissen vor: Er spielt Gitarre. Frau Stenzer fordert Daniel nochmals auf, seine Wut auszudrücken. Daniels vorgestellter Vater spielt lauter Gitarre und stampft dabei mit dem Fuß auf. Daniel bricht die Sitzung ab mit den Worten, dass er jetzt gehen müsse. Auf der Straße kämpft Daniel mit Atemproblemen und fragt sich, wer einen Knall hat: er oder Frau Stenzer.

DÄMONEN

Thomas König verhinderte, dass Daniel bei der Polizei angezeigt wird

Auf dem Heimweg geht Daniel durch den Park und beobachtet das Schloss, als plötzlich der Dobermannbesitzer neben ihm steht. Er ist ohne seinen Hund unterwegs und will von Daniel wissen, ob der Unfallfahrer gefunden sei. Der Tod eines Kindes sei eine Strafe Gottes für etwas, was man getan habe, sagt der Mann weiter. Daniel fällt auf, dass der Mann feste Schuhe trägt. Er fragt ihn nach seinem Hund und erhält zur Antwort, dass der tot sei. Daniel fühlt sich schuldig, aber der Mann erzählt, dass der Hund schon lange Zeit „sehr müde" gewesen sei. Weiter sagt der Mann, dass „Daniels Vater" bei ihm gewesen sei und mit ihm geredet habe. Daniel ist verwirrt. Der Mann erklärt, dass sein Vater Daniel für einen guten Jungen halte, der aber von „Dämonen" (S. 125) heimgesucht werde und dann unkontrolliert handele. Die Polizei würde das aber nicht verstehen. Erleichtert realisiert Daniel, dass der Mann von Thomas König spricht und erfährt, dass König jeden Tag die Straße entlangfährt, nach dem Dobermannbesitzer schaut und dann schnell davonfährt. Daniel hält den Mann für einen Spinner und weigert sich, das Gesagte ernst zu nehmen. Dennoch schießt ihm der Gedanke *„Thomas König, Prinzessinnenbrudermörder"* (S. 126) durch den Kopf.

LÜGEN

Alina schickt Daniel weitere Nachrichten, was er Edgar verschweigt

Daniel und Edgar spielen Billard. Daniel bekommt dabei von Alina eine Textnachricht, sich am nächsten Tag mit ihr um 16 Uhr an der Unfallstelle zu treffen. Daniel ist unkonzentriert, was Edgar nicht entgeht. Edgar versucht Daniel davon zu überzeugen, ihr Racheprojekt an Alina fortzusetzen, und fordert Daniel auf, nochmals zu ihr zu gehen. Daniel ist nicht überzeugt. Edgar wiederum bekräftigt sein Vorhaben. Wieder bekommt Daniel eine Textnachricht, in der Alina ihn beschwört zu kommen, da sie seine Hilfe brauche.

BEWEISSTÜCK

Daniel wartet an der Unfallstelle auf Alina, die sich verspätet hat. Er versucht, sich das Unfallgeschehen vorzustellen – mit Thomas König als Unfallfahrer. Er findet das so absurd, dass er lachen muss. Er denkt an Edgar und daran, dass er ihm nichts von dem Treffen mit Alina erzählt hat. Er bereut dies und fragt sich, warum er überhaupt zu dem Treffen gekommen ist.

Daniel trifft sich mit Alina an der Unfallstelle

Um 16.20 Uhr kommt Alina gemächlich angeradelt. Daniel fragt sich erneut, warum er gekommen ist und warum sie ausgerechnet ihn treffen will. Alina ignoriert seine Begrüßung, schaut sich um und sagt, dass es dort also passiert sei. Sie starrt lange auf die Unglücksstelle, dann legt sie sich auf die Straße, inmitten der Markierung, mit der die Position ihres toten Bruders von der Polizei festgehalten worden war. Daniel bekommt eine Gänsehaut und weiß nicht, was er sagen soll. Nach einer Weile fragt Alina, aus welcher Richtung das Auto gekommen sei, und beantwortet die Frage gleich selbst, indem sie in eine bestimmte Richtung zeigt und behauptet, dass Pascal das Auto habe kommen sehen. Daniel fragt, woher sie das wisse. Sie antwortet, dass sie das einfach wisse. Daniel überlegt, ihr von seinen imaginären Begegnungen mit seinem Vater zu erzählen, lässt es dann aber.

Pascal, der tote Junkie

Alina erklärt Daniel, dass sie den Täter ermitteln will und auf seine Unterstützung zähle. Die Unfallstelle müsse erst einmal gründlich untersucht werden, wobei sie sich herablassend über die Arbeit der Polizei äußert. Sie beginnen die Unfallstelle abzusuchen. Daniel erzählt Alina von dem Verdacht, dass ein Sportwagenfahrer den Unfall herbeigeführt haben könnte. Er fragt Alina, ob die Polizei noch nichts gesagt habe, woraufhin Alina antwortet, dass ihr Bruder in den Augen der Polizei nur ein „toter Junkie“ (S. 135) sei. Daniel möchte von Alina wissen, ob jemand Pascal vorsätzlich überfahren haben könnte. Das kann sich Alina nicht vorstellen und erklärt, dass Pascal den Leuten eher gleichgültig gewesen sei und dass sie ihn nicht gut hätten aushalten können, da er so abgründig gewesen sei. Die Erde sei der falsche Ort für ihn gewesen, ergänzt sie. Daniel, der das nachvollziehen kann, sagt ihr, dass er sie verstehe, was sie überrascht.

Fund eines Plastikteils an der Unfallstelle

Sie setzen die Suche fort und Daniel fühlt die Blicke Alinas auf sich. Schließlich findet sie ein Stück Plastik, von dem sie vermutet, dass es von einem Scheinwerfer stammen könnte. Daniel wird ganz aufgeregt und lenkt ab. Alina lässt sich nicht von ihrer Idee abbringen und steckt das Plastikstück ein. Daniel sagt, dass, wenn es sich um ein wichtiges Indiz handle, die Polizei es sicherlich mitgenommen hätte. Alina beharrt auf der Inkompetenz der Polizei. Daniel will von Alina wissen, ob sie das Plastikstück der Polizei zeigen will. Alina weiß es noch nicht und lässt durchblicken, dass sie vielleicht selbst ermitteln will, wobei sie Daniel anlächelt.

FLASHBACK

Daniel assistiert im Rahmen eines Schulprojekts in Thomas Königs Tierarztpraxis, weil er vergessen hat, sich um eine Praktikumsstelle zu kümmern. Er nimmt sich vor, den Tierarzt genau zu beobachten. Der untersucht konzentriert eine Perserkatze und beruhigt deren besorgten Besitzer. Daniel ist vom Umgang Königs mit Tier und Mensch beeindruckt.

In einer Behandlungspause fragt der Doc Daniel, was er denn machen wolle. Daniel missversteht die Frage und wird nervös. Als König ihn fragt, ob er eventuell studieren wolle, erwidert er, dass er es noch nicht wisse und dass er vielleicht im Gefängnis landen werde. Der Tierarzt befragt ihn nach seinen Kontrollverlusten. Daniel ist auf diese Frage nicht vorbereitet und kann sie nicht beantworten. Den Rest des Tages assistiert Daniel dem Tierarzt und ist froh, dass kein Tier getötet werden muss und dass unter den Patienten nur wenige Hunde sind. Die Arbeit macht ihm Spaß und er kann sich immer weniger vorstellen, dass Thomas König ein Mörder sein soll.

Daniel verdächtigt König, der Unfallfahrer zu sein

Der letzte Patient ist ein kleiner Hund mit Verdauungsproblemen. Während Thomas König das Tier behandelt, wird er vom zwielichtigen Besitzer des Tieres gefragt, ob er nicht kürzlich einen Mann namens Mike besucht habe. König antwortet, dass er keinen Mike kenne. Daniel und der Mann glauben ihm nicht. Daniel ordnet dem Mann dem Zuhältermilieu zu und fragt sich, was Thomas König dort wohl macht, wobei Daniel das Anheuern eines Auftragskillers in Erwägung zieht.

Nach dem Ende der Sprechstunde bietet König Daniel an, ihn nach Haus zu fahren. Daniel ist hin- und hergerissen von seinen Eindrücken und lehnt ab unter dem Vorwand, dass er noch etwas vorhabe. König lobt Daniel für die gute Arbeit und bedankt sich bei ihm.

ARCHERS AUTO

Daniel und Edgar treffen sich auf dem Schulhof. Daniel hat ein schlechtes Gewissen, da er Edgar sein Treffen mit Alina bisher verschwiegen hat. Edgar sieht nicht gut aus. Daniels Frage, ob er krank sei, ignoriert Edgar und erzählt stattdessen, dass Falk Venner immer noch behauptet, dass Mr. Archer den Prinzessinnenbruder Pascal getötet habe. Daniel gefällt die Vorstellung mit Archer als Täter, da dann Thomas König entlastet wäre. Er überredet Edgar, zu Archers Haus zu gehen und zu schauen, welches Auto der Lehrer fährt.

Sie schwänzen Archers Unterricht und gehen zu seinem Anwesen. Vor dem Haus stehen zwei Autos, aber kein Sportwagen. Allerdings gibt es noch eine Garage, in die Daniel unbedingt einen Blick werfen will. Sie ist verschlossen. Daniel erklärt Edgar, dass sie unbedingt in die Garage gelangen müssen, doch Edgar reagiert seltsam unbeteiligt. Edgar überlegt, wer Alina wohl die Todesnachricht überbracht hat, und sagt, dass er es gerne selbst getan hätte. Daniel registriert, dass Edgar Alina maßlos hasst, verzichtet aber auf eine Diskussion und überlegt, wie er in die Garage gelangen kann. Sie umrunden die Garage und stoßen auf eine offene Holztür. Durch diese Tür gelangen sie in den Garten und stoßen auf einen Schuppen. Dort nimmt Daniel einen Wagenheber an sich, läuft zurück zur Garage und öffnet das Tor mithilfe des Wagenhebers einen Spalt. Sein Blick fällt auf einen blauen Jaguar.

Daniel beschuldigt Mr. Archer anonym bei der Polizei

Daniel will den Wagen inspizieren, als plötzlich Archers Sohn erscheint und sie anspricht, bewaffnet mit einem Baseballschläger. Daniel und Edgar laufen davon und schaffen es, Archer junior abzuhängen. Zuhause verfasst Daniel ein anonymes, an die Polizei gerichtetes Schreiben, in dem er behauptet, dass Philipp Archer in den Tod von Pascal von Wildern verwickelt sein könnte. In der Nacht träumt er, dass er in einem goldenen Porsche, der von seinem Vater gesteuert wird, über eine Klippe fliegt.

ACHTERBAHN

Daniel und seine Mutter besuchen wie jedes Jahr zusammen die Kirmes. Sie wollen ein Ticket für eine Achterbahnfahrt lösen und stellen sich in die Schlange vor der Kasse. Ein Bettler mit Trompete spricht Daniels Mutter an mit den Worten, ob sie ihr Herz einem aufstrebenden Musiker schenken würde. Den Fehler habe sie bereits vor Jahren gemacht, antwortet Daniels Mutter.

Daniel erträgt keine Kritik an seinem Vater

Daniel fragt seine Mutter, ob es wirklich ein Fehler gewesen sei, seinen Vater geheiratet zu haben. Sie bestätigt es. Daniel ist sauer und wirft seiner Mutter vor, dass sie immer nur negativ über den Vater erzähle. Seine Mutter ist ebenfalls verärgert und antwortet, dass der Vater zwar witzig gewesen sei und gute Musik gemacht habe, ansonsten aber verantwortungslos gewesen sei. Daniel streitet das ab, woraufhin seine Mutter ihm erzählt, dass der Vater Daniel fast hätte verhungern lassen, als er als kleines Kind einen Infekt hatte. Sie selbst war wenige Tage zu ihrer sterbenden Mutter gefahren und hat nach ihrer Rückkehr Daniel in einem derart schlechten Zustand vorgefunden, dass er umgehend ins Krankenhaus eingeliefert wurde. Anstatt sich angemessen um Daniel zu kümmern, hatte sein Vater komponiert. Daniel will das nicht wahrhaben. Als seine Mutter sagt, dass sein Vater „ein Clown" (S. 156) gewesen sei, lässt Daniel sie stehen und geht.

Daniel verliert erneut die Kontrolle und tritt Autospiegel ab

Auf der Straße sitzt der Bettler und spielt auf seiner Trompete. Daniel spürt, dass er etwas zerstören möchte, und versucht sich zusammenzunehmen. Plötzlich sieht er seinen Vater, der das Spiel des Bettlers lobt. Daniel rennt an die Stelle, der Vater löst sich auf und auch der Bettler ist fort. Daniel spürt Panik in sich aufsteigen, hört die warnenden Stimmen von Frau Stenzer und seiner Mutter in seinem Kopf. Dann brennt ihm die Sicherung doch durch und er tritt allen in der Parkreihe stehenden Autos die Außenspiegel ab.

KALTBLÜTIG

Alina lässt sich von Daniel trösten

Daniel bekommt beim Abendessen eine Textnachricht von Alina, die ihn auf dem Friedhof treffen möchte. Daniel sagt Edgar, mit dem er eigentlich verabredet war, ab und fährt zum Friedhof. Alina sitzt am Grab ihres Bruders und liest laut aus dem Roman *Kaltblütig* von Truman Capote[15] vor. Alina erklärt, dass sie Pascal

15 Vgl. dazu Kapitel 3.6 Stil und Sprache: Intertextualität.

die letzten 45 Seiten von seinem Buch vorlese, das sie auf seinem Nachttisch gefunden habe. Pascal habe immer viel gelesen und am liebsten Bücher, in denen der Tod thematisiert wurde. Daniel fragt sich, ob Pascal sich nicht doch absichtlich vor das Auto geworfen hat. Er fühlt sich unwohl. Alina beginnt zu weinen. Nach einer Weile nimmt Daniel sie vorsichtig von hinten in die Arme. Sie lässt es geschehen.

Die Eindrücke überwältigen ihn, er verabschiedet sich von Alina und macht sich auf den Heimweg. Zuhause angekommen, sieht er Thomas König an Ozzys Grab stehen und verwelkte Blätter entfernen. Daniel fragt sich, wer Thomas König wirklich ist.

MIESER VERRÄTER

Daniel und Edgar: Freundschaft in der Krise

Edgar möchte von Daniel wissen, ob er am Vortag noch gelernt habe. Daniel bestätigt, dass er Mathematik gelernt habe, was Edgar erstaunt. Daniel zuckt die Achseln und möchte von Edgar wissen, ob er noch gemalt habe, was dieser halbherzig bejaht. Nach der Stunde fragt Edgar, ob „alles ok" sei (S. 164). Daniel überlegt, ob er Edgar von Alina erzählen soll, und dass Thomas König Pascal von Wildern getötet haben könnte. Aber er lässt es. Edgar erzählt von dem neuen Bild und nimmt Daniel fest in die Arme. Daniel erwidert die ungewohnte Umarmung, auch wenn ihm nicht danach ist. Er spürt, wie so oft in letzter Zeit, eine Hitze, die in ihrer Intensität variiert. Als Edgar geht, fällt Daniel dessen unsicherer Gang auf: „[…] ich weiß nicht, ob er mir glaubt." (S. 166)

VERY INTERESTING

Mr. Archer schreibt in der Klasse eine Englischklausur. Die Schulsekretärin Frau Unwirt erscheint im Klassenraum und informiert ihn darüber, dass jemand ihn sprechen möchte: Daniel erblickt zwei Polizisten vor der Tür.

Die Polizei befragt Mr. Archer in der Schule

Archer verlässt das Klassenzimmer, Frau Unwirt übernimmt die Aufsicht. Daniel beobachtet Archer im Gespräch mit den

Polizisten, er wirkt nervös. Daniel würde gerne über alles mit Edgar reden. Als ihm das bewusst wird, muss er beinahe weinen.

SON OF A CLOWN

Daniel hat eine Therapiesitzung bei Frau Stenzer. Er kann sich immer noch nicht an das Geschehen nach der Party erinnern. Edgar kommentierte dies mit den Worten, dass die Psyche belastende Dinge erst einmal verdränge. Daran muss Daniel denken, als er von Frau Stenzer nach Erinnerungen an seinen Vater gefragt wird. Ihm fällt nur Gutes ein, so ein Spiel mit Identitäten in einer Eisdiele, als er und sein Vater sich Asterix und Obelix nannten. An unangenehme Erlebnisse mit seinem Vater kann Daniel sich im Gespräch mit Frau Stenzer nicht erinnern, doch er fragt sich, ob sie nicht trotzdem geschehen sein könnten.

Frau Stenzer konstatiert, dass es eine harte Entscheidung gewesen sei, seinen zehnjährigen Sohn zu verlassen, und möchte von Daniel wissen, was er bei der Erinnerung daran fühle. Daniel ist getroffen und lügt, dass er nichts fühle. Bei der Rückkehr nach Hause imaginiert Daniel seinen Vater in einer Hollywoodschaukel sitzend, der ihn „Sohn" (S. 170) nennt. Daniel überlegt, ob er der Sohn eines Abwesenden ist, von dem man nicht einmal weiß, ob der Abwesende noch lebt. Er überlegt, ob man der Sohn eines Menschen ist, dem der Sohn nichts bedeutete, und fragt sich, ob man irgendwann aufhören könne, Sohn zu sein. Einen Toten könne man besuchen, sinniert Daniel. Außerdem wisse man, dass er seine Familie nicht gegen eine andere ausgetauscht habe. Daniel geht nicht auf seinen imaginierten Vater zu, sondern direkt ins Haus. „Mein Herz schlägt schneller, als ich ihn einfach links liegen lasse." (S. 171)

Erste Distanzierung vom Vater

SCHIEFER TURM

Misstrauen

Daniel schläft in letzter Zeit sehr schlecht. Er sitzt mit seiner Mutter und Thomas König am Frühstückstisch, die Stimmung ist bei Mutter und Sohn schlecht. Thomas König, der sich ein üppiges Brötchen bereitet, fragt Daniel, ob es Neuigkeiten zu Pascal gebe, was Daniel verneint. Daniels Mutter erzählt ungehalten von einem Paar, das einen „Abenteuerurlaub“ buchen wollte und schließlich Helgoland ausgesucht habe. Daniel berichtet, dass die Polizei Mr. Archer befragt habe. Thomas König möchte von Daniel wissen, ob man Fakten kenne, woraufhin Daniel mit den Achseln zuckt. Königs Handy klingelt und dieser steht auf und verlässt die Küche, um zu telefonieren. Daniel schaut seiner Mutter zu, wie sie sich ein Brot bereitet, und denkt über sie nach. Obwohl sie ihn nervt, möchte er nicht, dass ihr etwas geschieht, und er möchte auch nicht, dass sie von seinem Unfallverdacht erfährt. König kehrt in die Küche zurück und erklärt zerstreut, dass seine Arzthelferin immer noch krank sei. Daniel sieht, dass seine Mutter misstrauisch ist.

Die Polizei war anscheinend bei Thomas König

Daniel verabschiedet sich, erwischt an der Garderobe versehentlich die Jacke von Thomas, der in der Tasche eine Visitenkarte der Polizei hat. Thomas König will ebenfalls das Haus verlassen und bietet Daniel an, ihn mitzunehmen, was Daniel mit Hinweis auf sein Fahrrad ablehnt. Er fährt davon, als fliehe er.

GLEISSEND HELLE FUNKEN

Mr. Archer geht durch das Klassenzimmer. Daniel fühlt sich von ihm beobachtet und vermutet, dass Archer von seiner Kontaktaufnahme mit der Polizei weiß. Daniel vermeidet Blickkontakt, er fühlt sich körperlich äußerst unwohl und kann den Worten Archers nicht folgen. Edgar merkt, dass es Daniel nicht gut geht.

Daniel beschließt, den Unterricht zu verlassen, als Archer ihn anspricht. Daniel hat ihm nicht zugehört, er denkt an die Angst im Gesicht seiner Mutter. Dann sieht er seinen Vater, der wie ein Horror-Clown geschminkt hinter Archer zu stehen scheint und wie wild von einem Fuß auf den anderen springt. Archer wiederholt die an Daniel gerichtete Frage. Daniel ist abgelenkt und unkonzentriert und gibt eine falsche Antwort. Er fühlt eine große Leere in seinem Kopf und eine ungeheure Hitze in seinem

„[Mein Vater] ist geschminkt wie ein verdammter Clown – und keiner von der netten Sorte.“ (S.178)
© picture alliance / dpa | Ralf Hirschberger

Körper aufsteigen. Er versucht sich zu kontrollieren, indem er Vögel zählt. Dann ist ihm, als würde in seinem Kopf etwas explodieren. Er verlässt das Klassenzimmer und tritt vor die Tür, wo er sich mit einer ungeheuren Helligkeit konfrontiert sieht.

Daniel greift Felix an und schlägt ihn zusammen

Auf dem Hof starrt ein jüngerer Schüler ihn an, was Daniel nervt. Als Bremsen auf der Straße quietschen, erinnert er sich plötzlich an das Geschehen nach der Party, als Thomas König ihn mit seinem Wagen abgeholt hatte. Er erinnert sich daran, dass ihm übel war, dass König gebremst hatte und er selbst mit dem Kopf auf etwas Hartes geprallt war. Von der Erinnerung gequält versucht Daniel sich zu orientieren und verliert doch mehr und mehr die Kontrolle über sich. Er läuft zu Felix, der auch an den Fahrradständern steht, und schlägt ihn grundlos zusammen.

BLOSS WEG HIER

Daniel erwacht in seinem Bett, neben sich ein Glas Wasser und Medikamente. Daniel malt sich die Folgen seines Handelns aus, er rechnet mit Schulverweis und einer Anzeige von Felix' Eltern. Er befürchtet, dass seine Mutter ihm diese Tat nicht verzeihen wird, und sieht sich in einem Heim oder Gefängnis enden.

Flucht mit Alina in Thomas' Lotus

Er textet Alina an, dass er wegmüsse und ob sie mitkommen würde: Alina will. Sie vereinbaren Zeit und Treffpunkt, Daniel packt Kleidung in seinen Rucksack und stiehlt sich die Treppe hinab. Als er nach seiner Jacke greift, fällt sein Blick auf den Autoschlüssel des Tierarztes, den er an sich nimmt. Im Wagen des Doc antwortet er noch Edgar auf eine Textnachricht, ehe er das Handy ausschaltet, den Wagen startet und Alina abholt. Ziellos fahren sie durch die Gegend. An einer Tankstelle kauft Daniel einige Kleinigkeiten ein. Auf dem Weg zum Auto fällt sein Blick auf Alina und ihm wird bewusst, wie sehr sie ihm gefällt, wofür er sich beinahe schämt. Zusammen fahren sie zu Bennos Haus. Daniel fühlt sich als Verräter.

FEUER

In Bennos Haus gibt Daniel den Gastgeber. Alina erzählt, dass sie noch die Nähe ihres Bruders fühlen könne. Sie wirft sich vor, nicht auf ihn aufgepasst zu haben. Daniel fragt sie nach dem Plastikstück. Sie zeigt es ihm mit den Worten, dass sie es immer dabeihabe, und steckt es wieder ein.

Daniel kann sich seine Ausraster nicht erklären und sieht sich als Opfer

Sie machen eine Fahrradtour und Daniel kann es nicht fassen, dass Alina bei ihm ist. Er schämt sich dafür, dass er und Edgar sie „Princess Evil" (S. 190) nennen. Zusammen klettern sie auf einen Hochsitz. Ein Reh erscheint, Alina simuliert seine Erschießung, woraufhin Daniel bemerkt, dass sie wohl keine Tierfreundin sei. Alina führt ihr Verhalten auf ihre Ballerspiele zurück, für die Daniel Verständnis zeigt, und sagt, dass auch er dauernd Lust habe, auf etwas einzuschlagen bzw. zu schießen. Alina erwidert, dass sie von seiner Attacke auf Felix gehört habe. Er versucht ihr zu erklären, dass er das nicht mit Absicht mache, dass er keinen Einfluss auf sein Handeln habe. Alina akzeptiert das nicht. Sie macht ihm den Unterschied klar zwischen Dingen, die passieren, weil man sie nicht beeinflussen kann, und Dinge, die geschehen, weil man es letztlich will, dass sie geschehen. Daniel streitet das ab, doch Alina beharrt auf ihrer Position und fordert Daniel auf, ehrlich zu sich selbst zu sein.

Daniel spricht sie auf ihr sadistisches Verhalten an. Alina erklärt, dass sie das so will. Daniel bezeichnet ihr Verhalten als asozial und konfrontiert sie mit den Folgen, die ihr Verhalten für die von ihr schlecht behandelten Klassenkameraden hat. Alina schweigt und steigt vom Hochsitz. Daniel fürchtet schon, dass sie geht, doch sie fordert ihn auf, mitzukommen.

Alina: Sadismus aus Einsamkeit

Auf dem Rückweg zur Hütte besuchen sie einen Supermarkt, wo Alina Delikatessen in ihren Rucksack packt und an der Kasse nur eine Dose Ravioli bezahlt. Daniel hat Angst erwischt zu werden und wundert sich über seine Gefühle. In der Hütte angekommen essen sie, hören Musik und rauchen einen Joint. Unvermittelt erzählt Alina, dass sie Menschen wie Jenny Bluhm deshalb so schlecht behandele, weil es so leicht sei und sie sich dann weniger einsam fühle. Alina beklagt sich, dass sie von allen gehasst werde. Daniel erklärt ihr, dass sie mit ihrem Verhalten selbst für diesen Hass sorge. Die beiden küssen sich und verbringen auch die Nacht in dem Haus.

HELLWACH

Entscheidung

Daniel betrachtet die schlafende Alina und meint in ihrem Gesicht gleichzeitig das Brutale und Zarte zu erkennen. Er läuft zu einem Hügel hinter dem Haus und schaut sich um. Ihm ist, als wären Körper und Seele befreit. Ihm ist klar, dass das Chaos in seinem Kopf zurückkommen wird, und er weiß, dass er Entscheidungen treffen muss. Er kehrt ins Haus zurück, sucht in den Taschen von Alinas Sweatshirt nach dem Tütchen mit dem Plastikstück und steckt es in seine Hosentasche, ehe Alina aufwacht.

ZWISCHEN ZWEI TEILEN

Rückkehr

Daniel fährt auf der Rückfahrt langsam, da er den Abschied von Alina hinauszögern will. Diese kündigt an, wieder in die Schule gehen und nett sein zu wollen. Daniel weiß nicht, ob er wieder zur Schule gehen wird, ihm ist egal, was mit ihm passieren wird. Für ihn zählt im Moment nur, dass er im Besitz des Plastikteils ist. In der Nähe der Villa angekommen, verabschiedet sich Alina mit einem Kuss von Daniel. Bevor sie geht, sagt sie, dass sie hoffe, dass er das Richtige tue. Daniel fühlt wieder die Hitze in sich aufsteigen.

PUZZLE

Bange Erwartung

Daniel parkt den Lotus nicht direkt vor dem Haus, sondern am Ende der Straße, und schaltet sein Handy ein. Er hat zahlreiche Nachrichten erhalten, darunter auch von seiner Mutter, was er erleichtert registriert, da er befürchtet hatte, dass sein Verschwinden von ihr unbemerkt geblieben sein könnte.

Edgar hat ihm eine bedrückende Zeichnung geschickt, mit ihm und Daniel darauf. Daniel nimmt sich vor, mit Edgar zu reden. Er schaltet das Handy aus, schaut sich das Plastikteil an und will den Scheinwerfer des Lotus prüfen. Anstatt aber sofort zu schauen, ob das Stück Plastik zum Defekt des Wagens passt, geht er zum Haus.

GREEN MILE

Zuhause angekommen, sieht Daniel seine Mutter vor Ozzys Grab stehen. Daniel ist sehr erschöpft und rechnet mit einem Wutanfall seiner Mutter, der zu seiner Überraschung jedoch ausbleibt. Stattdessen ist sie den Tränen nahe und entschuldigt sich bei Daniel dafür, dass sie Ozzy nicht geliebt habe. Hätte sie den Hund gemocht, hätte sie auch ihren Ex-Mann weiter geliebt und das hätte sie nicht ausgehalten, erklärt sie Daniel. Sie gesteht ihm, dass Daniels Ähnlichkeit mit dem Vater sie quäle. Daniel erwartet eine Erscheinung seines Vaters, die jedoch ausbleibt.

Die Mutter erzählt ihm von ihren schlaflosen Nächten und der Frage nach dem Grund von Daniels Ausrastern.

Zu seiner eigenen Überraschung fordert Daniel seine Mutter auf, ihn zu fragen. Wut steigt in ihm auf und er fordert sie nochmals nachdrücklich auf, ihn zu fragen, anstatt ihm das Gefühl zu geben, für alle ihre Schwierigkeiten verantwortlich zu sein. Dann konfrontiert er sie damit, wie schwer es für ihn sei, zu erleben, wie ihre Beziehungen fehlschlagen und wie ihn ihre diversen Liebhaber anöden. Nun sei Thomas König da und es könnte alles gut sein, sagt er. Dann bricht er ab, weil er ihr seinen Verdacht gegen Thomas König verschweigen will. Stattdessen brüllt er sie an, dass sie ihn doch fragen solle, warum er immer so ausraste. Sie fragt ihn. Daniel grinst und gesteht, die Frage nicht beantworten zu können. Er berichtet von seinen chaotischen Gefühlen, die er nicht verstehe. Seine irritierte Mutter fragt nicht weiter.

Schmerzhafte Annäherung von Mutter und Sohn

VERSCHWINDEN

Drei Tage lang verschwindet Daniel in seinem Zimmer, versucht an nichts zu denken und schläft viel. Seine Mutter macht sich Sorgen um ihn, lässt ihn aber in Ruhe. Ab und zu bringt sie ihm Essen in sein Zimmer. Zwar tut er dann so, als schlafe er, aber er freut sich über ihre Aufmerksamkeit. Er und Thomas König begegnen sich einmal, König bringt aber das Auto nicht zur Sprache.

WARTEN

Daniel, der noch vom Unterricht ausgeschlossen ist, wartet in Pollys Kiosk auf Edgar. Er stellt sich so, dass er von seinen Klassenkameraden nicht gesehen werden kann, weil er mit niemandem über das Vorgefallene reden möchte. Nach Unterrichtsschluss sieht er, wie einige seiner Mitschüler:innen die Schule verlassen. Schließlich verlässt auch Mr. Archer die Schule, er macht einen entspannten Eindruck. Edgar kommt nicht und von Polly erfährt

Wo ist Edgar?

Daniel, dass er auch am Vortag nicht im Kiosk war. Sie gibt ihm eine Mate[16] für Edgar mit.

EDGARS ABGRUND

Alinas Porträt

Daniel besucht Edgar. Dieser sitzt in seinem Zimmer vor seiner Staffelei mit einem verhängten Bild darauf und begrüßt Daniel kühl. Daniel überlegt, ob Edgar wohl noch sein Freund sein wird, wenn er von den vielen Dingen erfährt, die er ihm bisher noch nicht erzählt hat. Er weiß nicht, wie er mit seiner Beichte beginnen soll, als sich Edgar darüber beklagt, dass er das Bild nicht abschließen könne. Daniel, der mit einem abstoßenden Motiv rechnet, zieht vorsichtig die Abdeckung von dem Bild, das zu seiner großen Überraschung ein Porträt von Alina ist. Edgar bedauert, dass er Alinas Blick nicht hinbekomme. Daniel schaut genauer hin und meint etwas Beunruhigendes, Verstörendes wahrzunehmen.

Edgar kritisiert, dass sie sich bisher noch nicht an Alina gerächt hätten, und stellt Daniels Solidarität infrage. Daniel wird ärgerlich und schaut sich im Zimmer um. Dabei fällt sein Blick auf Fotografien der Villa und von Alina selbst. Einige kennt er, andere wiederum sieht er zum ersten Mal. Daniel begreift, dass Edgar Alina systematisch beobachtet hat, und spricht ihn auf die Bilder an. Die Jungen schauen sich an und Daniel wird klar, dass Edgar von ihm und Alina weiß.

Daniel nimmt Alina vor Edgar in Schutz

Edgar beklagt voller Zorn, dass Daniel ihn im Stich gelassen habe, und zählt Alinas abstoßende Charaktereigenschaften auf. Daniel erwidert, dass Alina nicht wirklich so sei und dass sie sich benähmen wie Zehnjährige. Edgar lässt sich nicht besänftigen und wirft Daniel vor, sich von Alina benutzen zu lassen. Daniel denkt, dass Edgar vielleicht recht haben könnte, allerdings verwirft er den Gedanken sofort, als er an sein letztes Zusammensein mit Alina denkt. Er sagt Edgar auf den Kopf zu, dass

16 Mate: Getränk aus Südamerika.

er und Edgar vielleicht verschiedene Typen seien, und trifft mit dieser Aussage Edgar bis ins Mark: „Vielleicht bin ich aber nicht wie du!" (S. 224) Daniel wird plötzlich klar, dass Edgar Alina „aus anderen Gründen" hasst. Er will von Edgar wissen, was auf der Party passiert sei.

Rückblick: Edgar und Alina auf der Party

Nach einigem Zögern erzählt Edgar von der Party und von seinem Versuch, Alina zu küssen. Er habe ihr an diesem Abend die Meinung gesagt und viele Bosheiten an den Kopf geworfen – ohne dass Alina darauf reagiert hätte. Dann habe Edgar versucht sie zu küssen, woraufhin sie sich gewehrt hatte. Seitdem sei sein Hass auf Alina ins Unermessliche gestiegen. Er gibt schließlich zu, Daniel und Alina zusammen im Lotus gesehen zu haben. Daniel möchte auch den Besuch in Bennos Hütte beichten, doch Edgar macht ihm klar, dass er nicht wissen will, wo sie gewesen seien. Daniel entschuldigt sich bei Edgar und möchte noch von seinem Verdacht gegen Thomas König erzählen. Edgar kommt ihm zuvor: „Ich weiß. Du denkst, der Doc hat den Bruder kaltgemacht." (S. 230)

REPARATUREN

Ein neues Rad für Jenny Bluhm

Daniel steht mit seinen gesparten 60 Euro in einem Fahrradladen: Das Geld war für eine Reise mit Edgar gedacht, nun will er davon ein Rad für Jenny Bluhm kaufen. Er entscheidet sich für ein sehr überholungsbedürftiges Rad und bekommt es für 50 Euro, allerdings muss er es selbst in Ordnung bringen. Der Verkäuferin fällt sein Dilettantismus auf und sie fragt, ob ihm niemand beigebracht habe, wie man ein Fahrrad repariert. Daniel erinnert sich an seinen Vater und seine Arbeit an dem grünen Rad wird professioneller. Schließlich sieht das Rad richtig gut aus. Daniel kauft noch ein Schloss, die Klingel spendiert die Verkäuferin. Daniel fährt mit dem Rad zur Schule und stellt es dort ab, wickelt den Schlüssel für das Schloss in ein Stück Papier, auf das er „Schulparkplatz" (S. 234) schreibt und wirft es in den Briefkasten der Bluhms.

Wiedergutmachung für Felix

Auf dem Heimweg sieht er Felix. Der Junge hat einen unsicheren Gang. Daniel bedauert, dass eine Wiedergutmachung Felix betreffend schwerer sein wird.

DUELL

Verbale Konfrontation zwischen Daniel und Thomas König

Daniel hat eine Textnachricht von Alina erhalten und macht sich auf den Weg zur Tierarztpraxis von Thomas König, um die Sache mit dem Unfall zu klären. Das Plastikteil schneidet ihm in die Hand, als er schließlich die Praxis betritt. Nach einem kurzen Wortgefecht mit der Tierarzthelferin betritt er eines der Behandlungszimmer: Thomas behandelt gerade einen Hund, wobei er so konzentriert ist, dass er Daniel nicht bemerkt. Daniel spinnt sich zusammen, dass König Tiere systematisch tötet und deren Organe an die Pharmaindustrie verkauft. Gereizt fragt er den Tierarzt, was für ein Gefühl es sei zu töten. Der überraschte König erklärt, dass der Hund wegen seiner Arthrose ein Schmerzmittel bekommen habe.

Daniel beschuldigt den Tierarzt der Fahrerflucht mit Todesfolge

Dann fragt er Daniel, was los sei. Der zögert und denkt an seine Mutter und ihre Beziehung zu Thomas König. Schließlich beschuldigt er Thomas König, Pascal von Wildern getötet zu haben. Daniel verweist auf die Beule an seiner Stirn und sagt, dass er sich wieder an die Heimfahrt erinnern könne. Daniel argumentiert mit dem defekten Scheinwerfer des Lotus und mit der Aussage des „Alki". König fragt ihn nun sehr nachdrücklich, ob er wirklich denke, dass er zu einer solchen Tat fähig sei. Daniel findet seinen Verdacht nun absurd, trotzdem bejaht er. Der Doc fragt ihn, wie das sei, wenn man stets glaube, dass die Welt und die Menschen darin böse seien. Daniel nennt ihn einen „Mörder" (S. 244) und beginnt zu randalieren. Nun schreit auch der Tierarzt und widerspricht nachdrücklich Daniels Verdacht. Daniel zeigt dem Tierarzt seinen Beweis, das Plastikstück vom Unfallort.

Königs Sicht der Dinge

Thomas König klärt Daniel schließlich über das Geschehen in jener Nacht auf: Daniel sei ausgerastet, habe den Scheinwerfer des Lotus kaputtgetreten und ins Lenkrad gegriffen, sodass

König habe bremsen müssen und Daniel mit dem Kopf gegen den Rückspiegel geprallt sei. Daniel ist skeptisch und will Königs Ausführungen nicht glauben.

Die Tierarzthelferin betritt den Raum und verweist auf ein volles Wartezimmer und den Tierhalter, der seinen Hund abholen möchte. König nimmt es zur Kenntnis und erläutert Daniel, dass er von der Polizei befragt und sein Sportwagen untersucht worden sei. Es hätten sich keinerlei Verdachtsmomente ergeben. Er fragt Daniel, warum er nicht mit ihm geredet habe, und bietet ihm an, mit ihm zu seinem Auto zu gehen und ihm zu zeigen, dass das Plastikstück nicht von seinem defekten Scheinwerfer stammt.

Mörder von Ozzy

Der von Thomas König behandelte Hund schaut Daniel an, woraufhin Daniel in Tränen ausbricht und dem Tierarzt vorwirft, Ozzy getötet zu haben. König bestätigt das und weist darauf hin, dass Ozzy ernsthaft krank gewesen sei. Der Tierarzt verlässt zusammen mit dem Hund das Behandlungszimmer mit den Worten, dass sie sich zu Hause sehen. Daniel ist immer noch etwas hin- und hergerissen.

LET IT BE

Daniel ist noch von der Schule suspendiert und vermisst Edgar. Er sucht Pollys Kiosk auf in der Hoffnung, ihn dort zu treffen. In der Tat sitzt Edgar dort und zeichnet. Im Radio läuft *Let It Be* von den Beatles. Schließlich fragt Edgar seinen Freund, ob sein Vater tatsächlich keine Lieder der Beatles gemocht habe: Daniel klärt ihn darüber auf, dass er die Beatles gehasst habe.

Neues „Projekt Vater“

Edgar schlägt Daniel ein neues Projekt vor: Sie könnten recherchieren, was aus Daniels Vater geworden ist. Sie stellen sich ihn als schlecht bezahlten Musiklehrer vor, als Star in den USA oder arbeitslosen Straßenmusiker. Bevor Edgar den Kiosk verlässt, versichert er Daniel, dass er Alina auf jeden Fall weiterhin treffen könne.

FREAK

Daniel wird in seinem Leben aufräumen

Thomas König wird mit Daniels Einverständnis bei den Winklers einziehen: Daniels Mutter räumt deshalb den Keller auf und stellt Daniel einen Karton mit Fotoalben in sein Zimmer. Daniel ist darüber erstaunt, denn seine Mutter hatte immer behauptet, alles von seinem Vater vernichtet zu haben. Daniel denkt daran, dass er in der nächsten Woche wieder in die Schule gehen wird, und dass er sich auch mit Felix zur „Mediation" (S. 257) treffen wird, was ihn mit Sorge erfüllt.

Daniel hat Alina in einem langen Brief seine und Edgars Abneigung gegen sie gestanden und seinen Unfallverdacht gegen Thomas König, den er inzwischen verworfen hat. Außerdem kündigte er an, sein Verhalten zukünftig reflektieren zu wollen. „Vielleicht will sie mich nicht wiedertreffen. […] Aber ich muss ihr das alles schreiben. Ich kann so besser atmen." (S. 258)

Erinnerungen an Ozzy

Dann schaut sich Daniel den Inhalt des Kartons an und findet einen Camcorder, auf dem zu seiner großen Überraschung ein Film mit Ozzy gespeichert ist, den er sich tief gerührt anschaut.

3.3 Aufbau

Zusammenfassung

- Der Jugendroman *Krummer Hund* besteht aus insgesamt 47 Kapiteln. Die Handlung setzt am 15. Januar 2020 ein und erstreckt sich über die Folgemonate. Schauplatz ist eine nicht genannte Stadt.
- Der Roman setzt *in medias res* ein und konstituiert sich aus erzählerischer Gegenwart und Analepsen (Rückblenden): Autorin Juliane Pickel erzählt also nicht chronologisch.
- Der Roman behandelt familiäre und freundschaftliche Themen von Jugendlichen und ist wie ein Thriller aufgebaut: Wer tötete Pascal von Wildern?

Textoberfläche

Der Roman *Krummer Hund* ist aus 47 Kapiteln aufgebaut. Die einzelnen Kapitel sind wie Fragmente hintereinander angeordnet mit in sich abgeschlossener Handlung, die jeweils auf einen Höhepunkt zustrebt. Jedes Kapitel trägt eine signifikante Überschrift, die Dannys Gefühlsleben bzw. emotionales Chaos widerspiegelt: HUNDEMÖRDER, BYE-BYE OZZY, PUZZLE, VERSCHWINDEN usw.

Vignetten

Juliane Pickels Roman beginnt „in medias res".[17] Höhepunkte einzelner Kapitel sind zum Beispiel der Tod von Daniels Hund Ozzy (vgl. Kapitel HUNDEMÖRDER, S. 5–12), der Gewaltausbruch Daniels gegen den Dobermann und seinen Besitzer (vgl. Kapitel EXPLOSION, S. 31–35), die Nachricht vom Tod Pascal von Wilderns (vgl. Kapitel MR. ARCHER UND DER TOD, S. 69–72), Alinas Infragestellen von Daniels Verhalten und seiner Begründung dafür (vgl. Kapitel FEUER, S. 188–198) oder die klärende Auseinandersetzung zwischen Daniel und Thomas König (vgl.

---

17 in medias res: mitten in die Dinge hinein (Duden).

Kapitel DUELL, S. 235–252). **Die in sich geschlossenen Kapitel wirken wie Vignetten.**

Vignetten sind (nach der literaturwissenschaftlichen Definition) kurze Szenen, die auf einen Moment verweisen oder einen Eindruck über eine Figur oder einen Ort vermitteln. Üblich sind Vignetten als Bestandteile von Theaterstücken und Drehbüchern, allerdings findet man sie auch als strukturbildende Merkmale in narrativen Texten wie *In Our Time* von Ernest Hemingway, einer 1925 erschienenen Anthologie von Kurzgeschichten.

In *Krummer Hund* wird weniger ein Moment festgehalten als der innere Konflikt des 15-jährigen Daniel Winklers, der unter der Abwesenheit seines Vaters leidet, unter dem Verhalten seiner Mutter und dem quälenden Verdacht, dass Thomas König, der ihm eigentlich sympathisch ist und der seine Mutter endlich glücklich macht, Pascal von Wildern getötet haben könnte:

> „Ich habe das Gefühl, ich stehe an einem verdammten Abgrund. Wenn ich jetzt springe, muss ich darauf hoffen, dass der Doc die Reißleine zieht. Tut er es nicht, ist es vorbei. Dann ist das neue Glück meiner Mutter zu Ende, bevor es richtig angefangen hat, weil der Doc ein Mörder ist – oder so was Ähnliches. Davon wird meine Mutter sich nicht erholen." (S. 239)

Darin eingebettet sind begleitende Handlungsstränge wie die Umstände der Trennung von Daniels Eltern, die Annäherung zwischen Daniel und Alina, Daniels Freundschaft mit Edgar sowie Schulereignisse.

Die Grundstruktur der Handlung (*story*)

- Tierarzt Thomas König schläfert Daniels Hund Ozzy ein.
- Daniels Mutter und Thomas König verlieben sich ineinander.
- Daniels Kontrollverluste und seine Gewaltausbrüche häufen sich.

- Daniel verdächtigt Thomas König, Pascal von Wildern mit dem Auto getötet zu haben.
- Thomas König kann Daniel von seiner Unschuld überzeugen.
- Daniel beschließt eine Verhaltensänderung.

Die hier schematisch dargestellte *story* und der die Handlung erklärende *plot* werden von Pickel nicht in einer durchgängigen zeitlichen Kontinuität erzählt. Durch die Verwendung von Analepsen[18] dissoziiert Pickel den Ablauf der Ereignisfolge in verschiedene Zeitebenen (vgl. auch Grafik S. 56).

story und *plot* in der Literaturwissenschaft

story und *plot*

Mit den Begriffen *story* und *plot* werden zwei Erzählebenen benannt und unterschieden.

Die ***story*** umfasst alle Einzelereignisse, Geschehnisse und Handlungen, betrachtet diese aber als unverknüpft und unverbunden, sodass unter dieser Betrachtungsweise die einzelnen Elemente als Reihe angesehen werden können. Mit anderen Worten: Die *story* beschreibt die Folge der Ereignisse, das Was.

Der ***plot*** umfasst dieselben Einzelelemente, allerdings in einer je spezifischen Verknüpfung. Arten solcher *plot*-Verknüpfungen sind u. a. kausale Zusammenhänge, aber auch Handlungsmotivationen der Figuren, also das Warum.

Die narrative Chronologie in *Krummer Hund* entspricht nicht der der *story*: **Die chronologische Ordnung der Ereignisfolge ist umgestellt**, der Roman konstituiert sich aus einer Kombination aus erzählerischer Gegenwart und Analepsen, wie im nachfolgenden Kapitel näher dargestellt werden wird.

Chronologie

Die Romanhandlung wird nicht chronologisch erzählt, in einigen Kapiteln erscheinen Analepsen[19]. Mit einer Analepse wird ein

---

18 Analepse: Rückblende.

19 Hier werden nur die Analepsen aufgeführt, die für das Verständnis der Romanhandlung notwendig sind.

AUFBAU

Handlung in *Krummer Hund*

- Tierarzt Thomas König schläfert Ozzy ein.
- Daniels Mutter und Thomas König beginnen eine Beziehung.
- Daniel greift im Park einen Hund und seinen Besitzer an.
- Pascal von Wildern wird nach der Party überfahren.
- Daniel demoliert Jennys Fahrrad.
- Verdacht Daniels, dass Thomas König der Unfallfahrer sein könnte.
- Daniel bemerkt den defekten Scheinwerfer an Königs Auto.
- Daniel geht in psychologische Behandlung bei Frau Stenzer.
- Alina findet an der Unfallstelle ein Stück Plastik.
- Daniels Verdacht gegen Thomas König verstärkt sich.
- Daniel versucht, bei der Polizei den Verdacht auf Philipp Archer zu lenken.
- Daniel schlägt Felix zusammen.
- Daniel klaut Thomas' Wagen und fährt mit Alina zu Bennos Hütte.
- Daniel spricht sich mit seiner Mutter aus.
- Daniel besucht Edgar zu Hause: Edgar hat ein Bild von Alina gemalt.
- Daniel besorgt für Jenny ein neues Rad.
- Daniel beschuldigt Thomas persönlich, Pascal von Wildern überfahren zu haben.
- Daniel lässt sich auf eine Therapie ein.

Analepsen:

Alinas Verhalten gegenüber Jenny Bluhm (S. 25 f.) und Enzo (S. 26 f.)

Daniels Vater verlässt die Familie (S. 119 ff.).

Daniel erfährt vom verantwortungslosen Verhalten seines Vaters (S. 154 ff.).

Daniel erinnert sich an ein plötzliches Bremsmanöver in der Unfallnacht (S. 181 f.).

Edgar erzählt von seinem missglückten Annäherungsversuch bei Alina auf der Party (S. 225 ff.).

Thomas König erzählt von der Unfallnacht mit Daniel (S. 247 ff.).

Ereignis nachträglich dargestellt, das zu einem früheren Zeitpunkt stattgefunden hat als dem, bei dem sich die Erzählung gegenwärtig befindet.

Bei den Analepsen wird unterschieden zwischen aufbauenden und auflösenden Analepsen. Bei letzteren wird am Ende der Erzählung ein zunächst lückenhaft dargestelltes Ereignis nachträglich so vervollständigt, dass das bislang Erzählte in einem neuen Licht erscheint. Aufbauende Analepsen sind solche, die durch die nachträgliche Ergänzung von Ereignissen einen Handlungszusammenhang entstehen lassen und so einen *plot* konstruieren können. Pickel arbeitet mit aufbauenden Analepsen.

Aufbauende Analepsen

Zwei aufbauende Analepsen zeigen sich bereits im Kapitel PRINCESS EVIL. Sie beschreiben das asoziale Verhalten Alinas gegenüber Jenny Bluhm (vgl. S. 25–26) und Enzo (vgl. S. 26–27): Der Zorn, den Danny und Edgar für Alina empfinden, wird so für die Leser:innen nachvollziehbar. Eine weitere aufbauende Analepse findet sich in Kapitel NICHT WÜTEND. Mit ihr wird geschildert, wie Daniels Vater seine Familie verlässt. Gleichzeitig gibt sie den Leser:innen einen Einblick in Daniels seelische Not. Die Leser:innen erfahren, wie Daniel zu Ozzy gekommen ist (vgl. S. 119–121). Auch die aufbauende Analepse im Kapitel ACHTERBAHN stellt einen Bezug zu Daniels Vater her, denn die Leser:innen erfahren durch diese Analepse von der Verantwortungslosigkeit des Vaters (S. 155).

Details über den verschwundenen Vater

Im Kapitel EDGARS ABGRUND erfahren die Leser:innen den Grund für Edgars maßlosen Hass auf Alina (vgl. S. 225–227), der sich nach der Partynacht entwickelt hat. In der aufbauenden Analepse im Kapitel GLEISSEND HELLE FUNKEN erinnert sich Daniel endlich an seinen Nachhauseweg: an ein plötzliches Bremsmanöver von Thomas König und den harten Aufprall seines Kopfes (S. 181–182). Diese Analepse sorgt für ein spannendes Moment, die Leser:innen übernehmen **Daniels Perspektive** und fragen sich, wie in einem Thriller, ob Thomas König der Unfallfahrer sein könnte. Durch die aufbauende Analepse im Kapitel DUELL

Spannungsbogen: Wer hat Pascal von Wildern getötet?

schließlich erfahren die Leser:innen, wie es zu dem plötzlichen Bremsmanöver in der Nacht gekommen ist (247–248).

Diese Kombination aus erzählerischer Gegenwart und aufbauenden Analepsen – also der Darstellung von in der Vergangenheit liegender Ereignisse, die außerhalb der eigentlichen Romanhandlung liegen, sie aber begreiflich werden lassen – konstituiert die Romanstruktur in *Krummer Hund*.

Thematik

Genre: Jugendbuch und Thriller

Thematisch legt die Romanhandlung Augenmerk auf den **Familienkonflikt** in der Restfamilie Winkler: Daniels Vater hat seine Frau und den Sohn verlassen und ist in ihrem Leben nicht mehr präsent. Den Platz des verschwundenen Vaters haben in der Vergangenheit schon einige Männerbekanntschaften von Frau Winkler eingenommen. Den neuesten Versuch unternimmt der Tierarzt Thomas König, womit ein **(Stief-)Vaterkonflikt mit Daniel** thematisiert wird, der neben dem **Mutter-Sohn-Konflikt** in der Familie schwelt.

Daniel entwickelt in diesem spannungsgeladenen familiären Umfeld eine chronische Wut, die sich in **körperlicher Gewalt** entlädt. Ein weiterer Schauplatz hier ist auch die **psychische Gewalt**, die Alina durch **Mobbing** an ihren Mitschülern auslebt. Der Jugendroman zeigt darüber hinaus den Stellenwert von **Freundschaft** (Edgar und Daniel), **erster Liebe** (Daniel und Alina) und **enttäuschter Liebe** (Edgar und Alina). Das alles ist hinterlegt mit der **Krimi**-Frage: Wer tötete Pascal von Wildern?

3.4 Personenkonstellation und Charakteristiken

Zusammenfassung

Hauptfiguren

Daniel „Danny" Winkler:

- wütender 15-Jähriger
- leidet unter seiner Mutter, vermisst seinen Vater

Daniels Mutter:

- verlassene Ehefrau
- mit dem Verhalten ihres Sohnes Danny oft überfordert

Tierarzt Thomas König:

- neuer Freund der Mutter
- möchte Daniel Freund und Vater sein

Edgar:

- Mitschüler und Daniels bester Freund
- abgründiger Künstler

Alina von Wildern:

- quält häufig ihre Mitschüler:innen
- verliert ihren Bruder Pascal durch einen Unfall
- verliebt sich in Daniel Winkler

Nebenfiguren

Daniels Vater: hat die Familie vor fünf Jahren verlassen
Pascal von Wildern: Alinas Bruder wird überfahren
Jenny Bluhm: Mitschülerin
Frau Stenzer: Daniels Psychologin u.a.

Daniel „Danny" Winkler

Daniel[20] ist 15 Jahre alt, liebt die Zahlen und das Schulfach Mathematik (vgl. S. 24) und seinen Hund Ozzy. Der Hund war ein Geschenk seines Vaters, ehe er die Familie verließ, als Daniel zehn Jahre alt war. Jetzt lebt Daniel, Spitzname „Danny", allein mit seiner Mutter in ihrem Haus mit Garten.

Abwesender, idealisierter Vater

Für Daniel war das Fortgehen seines Vaters ein entsetzliches Ereignis (vgl. S. 119–121), was er aber verdrängt. Leider weiß er jetzt nach fünf Jahren noch nicht einmal, ob der Vater überhaupt noch lebt (S. 9): Er hat sich bei der Familie seit seinem Weggang nicht mehr gemeldet. Daniel zehrt von den wenigen Erinnerungen an ihn, da seine Mutter Gespräche über den Vater boykottiert (vgl. S. 54–55) und angeblich auch alle Fotos und Erinnerungen an ihren Partner vernichtet hat (S. 257). Daniel konstruiert sich (vgl. S. 169 f.) sein eigenes, durchweg positives Vaterbild und idealisiert den verschwundenen Musiker.[21] Der abwesende Vater ist für ihn durchaus noch präsent, denn er imaginiert ihn in Situationen, die er gern mit ihm geteilt hätte oder in denen er seine Hilfe bzw. Unterstützung bräuchte (S. 14–15). Er fühlt sich ihm auch nach fünf Jahren noch tief verbunden. So würde er dem Vater gerne von Ozzys Tod berichten, der das Geschenk des Vaters war (vgl. S. 6) und dessen Tod Daniel hart trifft.

Auf kritische Äußerungen seiner Mutter den Vater betreffend reagiert Daniel wütend und ablehnend: Er will sie nicht hören (vgl. S. 155). Später wird es Daniel mithilfe der Psychologin Frau Stenzer gelingen, ein realistisches Vaterbild zu kreieren und zuzulassen (vgl. S. 170–172), obwohl er zu Beginn der Therapie Frau Stenzer nicht ernst nimmt: „Wer ist hier eigentlich durchgeknallt, ich oder sie?" (S. 123)

---

20 Siehe auch Lernskizze 2: Daniel und seine Mutter und Lernskizze 4: Die Daniel charakterisierenden Motivketten „Doppelgänger", „Feuer/Hitze" und „Imagination des Vaters".

21 Siehe dazu auch Kapitel 5, Materialien, Vater-Sohn-Konflikte: der abwesende Vater.

Schwierige Mutter-Sohn-Beziehung

Für seine Mutter und ihr Wohlergehen fühlt sich Daniel oft verantwortlich. Ihr vor Wut und Schmerz verzerrtes Gesicht, als der Vater verschwand, hat sich bei Daniel eingebrannt:

„An ihr Gesicht, als sie am Gartentor vorbeiraste, kann ich mich noch ganz genau erinnern. Es war verzerrt, wie das eines Gewichthebers.“ (S. 121)

Dieser Gesichtsausdruck hat ihn zutiefst erschreckt und geprägt. Auch fünf Jahre später noch verfällt Daniel, wenn seine Mutter wütend ist und sich deren Mimik verzerrt, in eine Art von Panik. Oft genug reicht nur die Vorstellung dessen, um Daniel in einen emotionalen Ausnahmezustand zu versetzen:

„Ich sehe meine Mutter vor mir, das Gesicht voller Hass. Hinter meinen Augen wird es hell. Funkenfliegend explodiert mein Kopf.“ (S. 77–78)

Nach dem Verschwinden des Vaters und Partners versuchte Daniel, seine Mutter zu trösten, was ihm zu seinem Leidwesen jedoch nicht gelang. Als er registriert, dass der neue Mann, Thomas König, seine Mutter glücklich macht, ist er neidisch auf den Tierarzt (vgl. S. 85–86).

Kaum konstruktive Gespräche möglich

Das Leben mit seiner Mutter empfindet Daniel, wie viele Heranwachsende auch, als sehr schwierig. Ein Austausch mit ihr ist kaum möglich, da zwischen der Mutter und Daniel nur selten eine offene Kommunikation gelingt: „Sie weiß ja immer schon Bescheid, was Sache ist.“ (S. 141) Das Scheitern ihrer zahlreichen Männerbeziehungen und ihre sich daran anschließenden depressiven Phasen belasten ihn sehr. Zwar macht er sich nichts aus diesen Männern, die in seinen Augen dumme Schwätzer waren (vgl. S. 24), doch er erlebt das Verlassenwerden gewissermaßen in einer Endlosschleife, was ihn emotional völlig überfordert. Oder, mit anderen Worten: schlicht und einfach fertigmacht. Erst recht, weil seine Mutter ihm mit seiner „Verschlossenheit" (S. 8) häufig die Schuld für das Scheitern ihrer Beziehungen gibt.[22]

Daniel will seine Mutter beschützen

Nichtsdestotrotz liebt Daniel seine Mutter und er will, dass es ihr gut geht. Aus diesem Grund verschweigt er ihr seinen Verdacht, dass Thomas König mit seinem Auto in der Partynacht Pascal von Wildern getötet haben könnte. Ihr zuliebe willigt er in die Therapie bei Frau Stenzer ein, obwohl seine Mutter in seinen Augen eher die Therapiebedürftige ist (vgl. S. 122). Vermutlich sind beide, Daniel und seine Mutter, therapiebedürftig, denn sie haben beide immer noch ihre Schwierigkeiten mit dem Verlust des Vaters bzw. Partners und dem Knüpfen neuer dauerhafter Beziehungen. Ihr familiäres Zusammensein ist durch den Verlust nachhaltig belastet.

Daniels Gewalttätigkeiten

Daniel scheint unter einer Depersonalisation[23] zu leiden. Darunter versteht man einen psychischen Ausnahmezustand, in dem die betroffenen Menschen ihr Leben von außen betrachten. Ihr eigener Körper, ihre Gefühle, aber auch andere Menschen und Objekte wirken fremd auf sie, sie fühlen sich von ihrer Umwelt abgespalten. Dies empfindet auch Daniel: „Mein Geist und mein Körper trennen sich." (S. 78) Daniel will keine Gefühle empfinden (vgl. S. 31), bei seinem Toben und Wüten schaut er sich gewissermaßen von außen zu (vgl. S. 34). Seine massiven gewalttätigen Kontrollverluste treten als Folge ihn emotional überfordernder Ereignisse auf. So zum Beispiel nach dem panikerfüllten Anruf seiner Mutter, die befürchtet, von Thomas König verlassen worden zu sein (S. 75–79). In solchen Situationen gelingen Daniel auch Stabilisierungsversuche nicht (S. 77): Er verliert jegliche Kontrolle über sein Verhalten, zerstört Gegenstände und geht auf Tiere und Menschen los, wobei ihm seine menschlichen Opfer sicherlich nicht zufällig unterlegen sind (S. 182).[24]

22 Siehe dazu auch Kapitel 5, Materialien, Parentifizierung.

23 Das epische Mittel zur Darstellung dieses Zustandes ist das Doppelgänger-Motiv. Siehe dazu Kapitel 3.6, Stil und Sprache, Themen und Motive, Motiv Doppelgänger/Zwilling.

24 Siehe dazu Kapitel 6, Prüfungsaufgaben mit Musterlösungen, Aufgabe 1.

Doppelgänger-Motiv

Dabei ist Daniel durchaus in der Lage, sich in gewissen Situationen kontrolliert zu verhalten, wie die rasante Fahrt mit dem Lotus Thomas Königs zeigt (S. 41). Mit seinem antisozialen Verhalten konfrontiert, lehnt Daniel jegliche Verantwortung ab und argumentiert mit einem Doppelgänger, der statt seiner diese Taten ausführt: „Ich bin das nicht. Das bin ich nicht." (S. 79) Als Alina ihm vorwirft, sich als „Opfer" (S. 192) zu inszenieren, ist er beeindruckt, er beginnt, ein Bewusstsein für sein destruktives Handeln zu entwickeln, und bemüht sich um einen Täter-Opfer-Ausgleich mit Jenny Bluhm, der er – allerdings anonym – ein neues Fahrrad verschafft (S. 231–234). Auch seine Gewalttat und die Auswirkungen auf Felix bedauert er. Doch er weiß auch, dass sich das, was er dem jüngeren Schüler angetan hat, „leider nicht so leicht reparieren lässt wie ein Fahrrad" (S. 234). Fakt ist, dass Daniel sich wegen seines Verhaltens wie ein Außenseiter, ein „Freak" (S. 48), fühlt und von seinen Klassenkameraden auch als ein solcher empfunden wird (vgl. S. 50). Dabei kann Daniel sehr wohl zwischen Recht und Unrecht unterscheiden, doch in einigen Momenten brennen ihm regelrecht alle gesellschaftlichen Sicherungen und Werte durch.

Verrät seine Freundschaft mit Edgar

Daniels einziger Freund Edgar ist ebenfalls ein Außenseiter in der Klassengemeinschaft, wenn auch während seiner persönlichen Krisen keine Gefahr für die Allgemeinheit besteht. Ihm gegenüber möchte Daniel loyal sein, doch als er sich in Alina zu verlieben beginnt, kann er diesen Vorsatz nicht realisieren: Er verschweigt Edgar grundlegende Ereignisse und fühlt sich ihm gegenüber wie ein Verräter (S. 164).

Daniel verliebt sich in Alina

Seine liebevollen Gefühle für Alina überraschen Daniel (vgl. S. 190), der doch zusammen mit Edgar das Projekt „Princess Evil" verfolgt und Alina für ihr sadistisches Verhalten gegenüber Lehrer:innen und Mitschüler:innen eigentlich hasst. Doch es verwundert nicht, dass ausgerechnet der „Psychopath" Daniel und die „Sadistin" Alina ein Paar werden, denn abseits ihrer öffentlichen Taten sind beide sehr einsam und problembeladen.

Beide kämpfen mit ihren belastenden häuslichen Situationen: Daniel als verlassenes Kind einer alleinerziehenden Mutter und Alina mit ihrem drogenabhängigen Bruder in einer inzwischen wohl von Geldsorgen geplagten Familie. Introvertiert und verschlossen achtet Daniel zunächst sehr darauf, was mit ihm bzw. in ihm passiert. In für ihn schwierigen emotionalen Situationen mit Alina hält er sich zunächst noch zurück, so auf dem Friedhof (vgl. S. 162).

Verlustängste

Thomas König gegenüber hat Daniel eine ambivalente Haltung, sieht er in ihm zuerst doch nur den Menschen, der seinen geliebten Hund Ozzy getötet hat. Erschwerend kommt hinzu, dass der Tierarzt dann noch in seiner Kleinfamilie die Vater-Position besetzt und der neue Lebenspartner der Mutter wird. Tiefes Misstrauen und Zuneigung ringen in Daniels Bewusstsein in der Folge miteinander. So ist er beeindruckt davon, dass Thomas König einen Grabstein für Ozzy kauft (S. 100) und sich sein Dasein positiv auf die Gemütslage der Mutter auswirkt. Gleichzeitig versucht Daniel seine Gefühle für den Tierarzt zu kontrollieren, weil er sich nicht vorstellen kann, dass dieser dauerhaft bei seiner Mutter bleiben wird und Daniel eine erneute Enttäuschung für sich selbst vermeiden will (vgl. S. 86). Andererseits möchte er auch nicht, dass seine Mutter die nächste Enttäuschung erlebt.

Unfall-Verdacht gegen Thomas König

So ist für Daniel Thomas Königs Unschuld in Bezug auf den Tod von Alinas Bruder existenziell, weshalb er die Polizei auf Philipp Archer und dessen Sportwagen aufmerksam macht (S. 151), um von Thomas König abzulenken. Philipp Archers Unschuld und der defekte Scheinwerfer von Königs Auto lassen Daniel beinahe verzweifeln (vgl. S. 172)[25]. Daniel hat anfangs keine Erinnerung an die Nacht der Party, als Alinas Bruder bei einem Autounfall ums Leben kam. Als er sich dann an die nächtliche Fahrt in Königs Wagen und durch die Beule an seinem Kopf an einen Aufprall nach einem unvermittelten Bremsmanövers Königs erinnert, lässt

25 Siehe auch Lernskizze 5: Daniels Verdacht und Verzweiflung.

ihn das an Königs Schuld als Unfallfahrer glauben. Anstatt aber das am Unfallort gefundene Plastikstück umgehend mit Königs Scheinwerfer zu vergleichen oder sofort das klärende Gespräch mit König zu suchen, verliert sich Daniel immer mehr in einer Welt völlig abstruser Verdächtigungen und Anschuldigungen (S. 238). Er gerät – wieder einmal – in einen gewalttätigen Konflikt und rastet bei der direkten Konfrontation in Königs Praxis aus (S. 245).

Doch wie in dem Austausch mit Alina erfährt Daniel auch in der Konfrontation mit Thomas König Existenzielles. Er lernt, allerdings erst widerstrebend, seinen positiven Gefühlen zu vertrauen (vgl. S. 252) und nicht in allem etwas Schlechtes oder Böses zu sehen. Er spricht sich mit seiner Mutter (S. 207 ff.) und mit Edgar aus (S. 218 ff.) und kooperiert in der Folge auch mit Frau Stenzer (vgl. S. 257–258). Er schreibt einen ehrlichen Brief an Alina und gesteht das „Princess-Evil-Projekt", da er keine Unklarheiten in der Beziehung mit ihr haben möchte – wobei er bewusst das Risiko eingeht, dass sie zukünftig nichts mehr von ihm wissen will (S. 258). Dabei zeigt er eine neue Sicht auf die Welt, beruhend auf den Ereignissen der letzten Monate und inspiriert von Alinas Verständnis von Eigenverantwortung (vgl. S. 192):

Kommunikation bringt Daniel weiter

Neue positive Sicht auf die Welt

> „Dass ich lieber glaube, dass manche Dinge wirklich so sind wie Zahlen. Dass sie sind, was sie behaupten zu sein. Dass sie morgen noch so sind wie heute.
>
> Ich habe ihr geschrieben, dass ich verstanden habe, was sie meint. Dass die Dinge nicht nur so passieren." (S. 258)

Daniels Mutter

Frau Winkler, Daniels Mutter,[26] ist Angestellte in einem Reisebüro (S. 119). Von ihrem Sohn wird sie wie folgt charakterisiert:

---

26 Siehe auch Lernskizze 2: Daniel und seine Mutter. Siehe auch 5. Materialien, Parentifizierung.

„Wenn man Lust hat auf Pfannkuchen, die in Fett schwimmen, mit einem riesigen Schuss Amaretto und Bergen von Sahne drauf, oder wenn man mit links Federball spielen will, damit es schwieriger wird, dann ist meine Mutter genau die Richtige. Wenn man einen Hund begraben will, ist sie es nicht." (S. 13)

Wurde von ihrem Partner verlassen

Frau Winkler ist fünf Jahre vor Handlungsbeginn von ihrem Mann verlassen worden (S. 121). Zwar bezeichnet sie ihn im Nachhinein als „Clown" (S. 156), und behauptet, dass er für sie tot sei (vgl. S. 54). Doch trotz allem hat sie der damalige – alles in allem doch überraschende – Verlust des Partners sehr geschmerzt, denn sie hat Daniels Vater geliebt (vgl. S. 208). Aus diesen Gründen konnte sie Daniels Hund Ozzy, der am Auszugtag des Vaters in die Familie kam, nicht lieben (S. 7) und kann auch Daniel und dessen Ähnlichkeit mit dem Vater mitunter schlecht ertragen (vgl. S. 208). Sie hat versucht, mit Daniels Vater und der gemeinsamen Vergangenheit komplett abzuschließen, und hat den Musiker auch nicht auf Unterhalt verklagt (S. 54). Zum einen, weil sie den Aufenthaltsort des Ex-Partners nicht kennt, und vermutlich auch in dem Wissen, dass diese Bemühungen vermutlich umsonst wären: Sie weiß genau, dass ihr Mann oberflächlich und verantwortungslos war (vgl. S. 154) und bei ihm auch finanziell wohl nichts zu holen wäre.

Frau Winkler ist auf Männersuche

Frau Winkler will unbedingt eine neue, feste Beziehung in ihrem Leben haben. Allerdings waren ihre Bemühungen bisher erfolglos, sodass sie auf inzwischen „dreizehn Männer" (S. 24) in fünf Jahren zurückblicken kann. Auf Trennungen reagiert sie mit einer Mischung aus Aggressivität und Depression, wobei sie von Daniel erwartet, dass er sie auffängt (vgl. S. 8–9). Mehr noch, sie erwartet nicht nur emotionalen Beistand von ihm, sondern macht ihn für das Scheitern ihrer Beziehungen verantwortlich, indem sie ihm vorwirft, dass er mit seiner „Verschlossenheit die Männer vertreibe" (S. 8). Überhaupt zeigt sie ihrem Sohn gegenüber wenig Empathie[27] – allerdings wird *Krummer Hund* aus der Perspektive von Daniel erzählt, der in seiner Erzählweise nicht neutral ist (vgl. Kapitel 3.6 Sprache).

Kaum Mitgefühl bei Ozzys Beerdigung

Daniels Mutter geht an dem Abend mit Thomas König aus, an dem Ozzy eingeschläfert wurde. Sie scheint nicht daran zu denken, dass Daniel Trost brauchen könnte. Als Daniel seinen geliebten Ozzy beerdigt, steht sie wie eine Art Statistin daneben und redet gedankenlos (vgl. S. 13–14) daher: „Aber weißt du, wenigstens kannst du jetzt morgens länger schlafen." Sie wirkt in der Beziehung zu ihrem Sohn oft gefühlskalt und zeigt kaum körperliche Nähe. Erst mit dem bevorstehenden Einzug des Tierarztes drückt sie Daniel verstärkt an sich und küsst ihn (S. 256): Die Beziehung zwischen Mutter und Sohn ist auf vielen Ebenen dann gelöster.

Überfordert mit gewalttätigem Verhalten des Sohnes

Nachdem Daniel im Park den Dobermann und seinen Besitzer angegriffen hat, fordert die Mutter von Daniel eine sofortige Verhaltensänderung. Dabei spannt sie Thomas König gleich als eine Art Ersatzvater ein. Dass Daniels gewalttätiges Verhalten die Antwort auf ihre dauerhaft konfliktbeladene Mutter-Sohn-Beziehung oder die ständig neuen männlichen Bezugspersonen in der Kleinfamilie sein könnte, kommt ihr dabei anscheinend nicht in den Sinn. Sie sieht sich selbst als Opfer von Daniels aggressiven Taten, die ihr peinlich sind (S. 37). Sie hofft, dass Unternehmungen mit einer neuen Vater-Figur oder einige Sitzungen bei einer Psychologin oder im besten Fall Daniel selbst das Problem ohne ihr weiteres Zutun lösen können.

Thomas König ist für Daniels Mutter sehr wichtig, obwohl sie ihm angesichts ihrer bisherigen Erfahrungen mit ihren Ex-Liebhabern (vgl. S. 67, S. 174–175) grundsätzlich misstraut. Dieses Misstrauen zeigt sich auch körperlich in hektischen roten Flecken oder ihrer Gangart (S. 67), wenn sie Lüge oder Betrug wittert. Dennoch kann sie sich mit Thomas König eine gemeinsame Zu-

27 Empathie: Anteilnahme, Einfühlungsvermögen.

„Dieser riesige Hund springt mich weiter an, als wolle er mit mir spielen […].“ (S. 33)
© A. Kurka/Shotshop/picture alliance

kunft vorstellen (S. 111), wobei Daniel „funktionieren“ und seine Probleme durch eine Psychologin gelöst werden sollen (S. 112). Dabei stellt sie wieder einmal die Verhältnisse auf den Kopf, indem sie Daniel für ein eventuelles Scheitern der Beziehung verantwortlich macht, und von ihm, dem Jugendlichen, Unterstützung erwartet[28]: „Thomas hat ganz sicher keine Lust drauf, sich mit einem halbstarken saufenden Schläger abzugeben.“ (S. 111)

> „‚Ich meine das ganz ernst, Daniel‘, sagt meine Mutter. ‚Weißt du, ich brauche jetzt wirklich *einmal* deine Unterstützung.‘“ (S. 111)

---

28 Dieses Verhalten nennt man Parentifizierung (Umkehr der Eltern-Kind-Beziehung). Siehe dazu Kapitel 5, Materialien, Parentifizierung.

Mutter ändert ihr Verhalten

Zu Daniels erster Therapiesitzung bei Frau Stenzer begleitet sie ihren Sohn nicht. Erst nach Daniels Angriff auf Felix und nach seinem Verschwinden mit dem Lotus scheint Frau Winkler die Dimension des Problems erkannt zu haben. Erstmals überschüttet sie Daniel nicht sofort mit Vorwürfen und sucht endlich ein wirkliches Gespräch mit ihrem Sohn, wobei ihr seine ganze Einsamkeit und eigene Ratlosigkeit entgegenschlagen (S. 207–212). Am Ende dieser Ereigniskette steht eine Verhaltensänderung von Daniels Mutter: Sie befragt ihn zum möglichen Einzug von Thomas König und wird Daniel bei der Lösung seines Problems unterstützen und ihn zusammen mit Frau Stenzer bei der Mediation mit Felix und dessen Eltern begleiten (S. 256 f.). Außerdem übergibt sie Daniel die Fotoalben aus der Zeit mit seinem Vater und einen Film mit Ozzy. Dinge, die sie angeblich weggeworfen hatte (vgl. S. 257), und die Daniel unheimlich viel bedeuten, wie sie sich vielleicht inzwischen eingestanden hat.

Thomas König

Unkonventionell

Thomas König ist Tierarzt mit eigener Praxis, Sportwagenfahrer und unkonventionell – so erscheint er zum ersten Date mit Daniels Mutter in Alltagskleidung und ohne Blumen (S. 16). Auch die Verabredung zum Date verläuft unter sehr ungewöhnlichen Umständen, nämlich während er Ozzy einschläfert, was er sehr pragmatisch begründet (vgl. S. 5). Seine Gefühle für Daniels Mutter vertiefen sich im Verlauf der Handlung (S. 85). Schwierigkeiten schrecken ihn nicht, wie er Daniel klarmacht:

> „Dann kommt er ziemlich nah an mich heran. ‚Ich mag es, wenn's nicht so einfach ist', sagt er, und blöderweise weiß ich darauf keine Antwort." (S. 17)

Zeigt Einfühlungsvermögen

In der Tat zeigt sich Thomas König hinsichtlich der Probleme im Hause Winkler als sehr robust: Er trotzt dem notorischen Misstrauen von Daniels Mutter (S. 67–68) und vor allem Daniels destruktivem Verhalten. Dabei wirbt Thomas König mit bemerkenswertem Einfühlungsvermögen um Daniel. Er erzählt ihm vom Selbstmord seiner Mutter (S. 22–23) und erinnert sich an eigene Gefühle aus der Jugend. Als Daniels Mutter ihn in die ungewohnte Vaterrolle drängt (vgl. S. 37), macht er klar, dass er nicht Daniels „Kindermädchen" (S. 39) ist, und scheint wenig an Daniels Gewaltausbrüchen interessiert zu sein. Vielleicht gehört das aber auch zu seinem unaufgeregten Plan, langfristig Daniels Vertrauen zu gewinnen.

Verhält sich väterlich und wird für Daniel zu einer Vater-Figur

Später beginnt der Tierarzt, Daniel aktiv zu schützen, so nach dessen Angriff auf den Dobermann und seinen Besitzer im Park (vgl. S. 33–34). Er bringt den angegriffenen Mann dazu, auf eine polizeiliche Anzeige gegen Daniel zu verzichten (S. 51). Seine Begründung verrät sein Verständnis für Daniel und der „Alki" hält ihn aufgrund seiner Aktion für Daniels Vater:

> „‚Er hat mir gesagt, dass du ein guter Junge bist. Dass du nicht weißt, was du tust.' Er macht eine Pause. ‚Er hat gesagt, dass Dämonen dich im Griff haben. Dass sie dich diese Sachen tun lassen.' Er sieht sich einmal zu allen Seiten um. Dann flüstert er: ‚Dass die Polizei das nicht verstehen würde.'" (S. 125)

Fürsorglich und verantwortungsvoll

Thomas König zeigt darüber hinaus eine gewisse Fürsorge dem Mann gegenüber, so kauft er ihm anscheinend neue Schuhe (vgl. S. 124) und schaut ab und zu nach ihm (S. 126). Auch auf Daniels Belange und Emotionen geht der Tierarzt fürsorglich ein, wenn er einen Grabstein für Ozzy anfertigen lässt, den er eigenhändig aufstellt, um anschließend für alle drei zu kochen (vgl. S. 99–101). Im Zuge eines Schulprojektes lässt er den Jungen in seiner Praxis mitarbeiten, wobei er ihn lobt (S. 143) und sich an seiner Berufsausbildung interessiert zeigt (S. 141). Daniels Schweigen hinsichtlich seiner Verhaltensauffälligkeit akzeptiert er (vgl. S. 141).

Kurz gesagt, er verhält sich Daniel gegenüber wie ein Vater, und so holt er ihn auf dessen nächtliche Bitte auch von Falk Venners Party ab. Dadurch wird eine verhängnisvolle Ereigniskette in Gang gesetzt, an deren Ende Thomas König von Daniel beschuldigt wird, Pascal von Wildern mit seinem Auto getötet zu haben: „Ich weiß, dass du ihn umgefahren hast." (S. 240) Diese Anschuldigung trifft Thomas König zutiefst (vgl. S. 240–243) und man könnte erwarten, dass König Daniel nach dieser Ungeheuerlichkeit vor die Tür setzt. Doch er stellt sich der Situation, wobei er Daniel die Frage stellt, die Daniels Problem exakt umreißt:

> „‚Wie ist das eigentlich, wenn man immer denkt, dass die Welt böse ist?', fragt er dann. ‚Wenn man denkt, dass die Menschen um einen herum böse sind?'" (S. 243)

Appelliert an Daniels Vertrauen und Bauchgefühl

Dann klärt er Daniel über seine Rolle in diesem verhängnisvollen Geschehen auf (S. 247–248), wobei er ihn auch auffordert, das Plastikteil mit seinem Scheinwerfer zu vergleichen (S. 250–251). Größe zeigt er, als er Daniel die Entscheidung überlässt, ihm zu glauben oder nicht (S. 251). Dabei bestärkt er Daniel in seinem Selbstverständnis und glaubt an den Jugendlichen:

> „‚Ich hoffe', sagt der Doc nach einer Weile, ‚ich *glaube*, dass du eigentlich genau fühlst, was stimmt, Daniel." (S. 251)

Mit diesem Verhalten gewinnt er endgültig Daniels Vertrauen. Thomas König wird später bei den Winklers einziehen (S. 256).

Edgar

Daniels bester Freund ist ein Künstler

Edgar besucht die gleiche Schulklasse wie Daniel und ist sein bester Freund. Über sein Aussehen heißt es im Text:

„Seine Haare haben keine Frisur, seine Klamotten keinen Style. Mit seiner krassen Brille, den dürren Beinen und dem Gesicht, in dem irgendwie nichts so richtig da ist, wo man es erwartet, sieht er schräg aus. Eigentlich muss man sich immer nur wundern, wenn man ihn anguckt." (S. 18)

Edgar provoziert gerne mit seinen morbiden Zeichnungen

Edgar, der in der Klassengemeinschaft auch eher ein Außenseiter ist und von Venner „Picasso" (S. 82) genannt wird, mag unhöfliche Menschen wie die Kioskbesitzerin Polly (vgl. S. 42): Dies ist vielleicht eine Reaktion auf sein liebevolles und harmonisches Elternhaus (vgl. S. 46), in dem er sich trotz der kritiklosen elterlichen Zuwendung einsam fühlt (vgl. S. 47). Edgar liebt das Malen und Zeichnen. Seine Motive sind bevorzugt defekte Gegenstände, abgestorbene Bäume, Insekten und gerne tote oder verstümmelte Menschen (vgl. S. 18, S. 104). Dabei zeigt er eine so große Kunstfertigkeit, dass ihm seine Kunstlehrerin „wahnsinniges Talent" bescheinigt, ihn einen „Feingeist" nennt und ihm eine Künstlerkarriere zutraut (S. 18).

Edgar pflegt eine Freundschaft mit dem psychisch angeschlagenen Maler Benno, in dessen abgelegenes Haus er sich bei Bedarf zurückziehen kann (vgl. S. 45). Dorthin bringt er auch Daniel nach dessen Angriff auf den Dobermann und seinen Besitzer (vgl. S. 33–35). In dieser Umgebung fällt Daniel das Reden leichter und Edgar verzichtet klugerweise auf moralische Bewertungen, obwohl ihn Daniels gewalttätiges Verhalten erschreckt hat (S. 48). Seine freundschaftlichen Gefühle für Daniel drückt Edgar bevorzugt mit Zeichnungen aus, so nach dem Einschläfern von Daniels Hund mit einer rührenden Zeichnung von Ozzy in einem wunderbaren Hundehimmel. Später, als die Freundschaft sich in einer schwierigen Phase befindet, schickt er Daniel eine bedrückende Zeichnung (S. 204–205).

Edgar ist ebenfalls in Alina verliebt

Edgar ist ein treuer Freund, so unterstützt er Daniel bedingungslos bei dessen kriminellen Einbruch in Philipp Archers Garage (S. 146 ff.). Zusammen mit ihm betreibt er das „Projekt"

(S. 29) Alina, die er „Princess Evil" (S. 25) nennt. Vordergründig und zu Beginn geht es Edgar darum, Alina irgendwann einmal für ihr sadistisches Verhalten gegenüber ihren Mitmenschen zur Rechenschaft zu ziehen (vgl. S. 29). Aus diesem Grund spioniert er sie gemeinsam mit Daniel aus und fotografiert sie heimlich. Falk Venners Party ist ihm bei diesen Aktivitäten sehr willkommen, denn sie bietet ihm die Möglichkeit, Alina zu beobachten (S. 49–50). Als Alina dort mit einem Jungen auftaucht, hält Edgar diesen für ihren Freund und reagiert mit heiserer Stimme und braucht auf diese Überraschung hin erst einmal Alkohol (vgl. S. 61). Auf dieser Party offenbaren sich die wahren Gefühle Edgars für Alina. Zwar missbilligt er ihr abstoßendes Verhalten, doch im Grunde betet er sie an und er wünscht sich nichts mehr, als von ihr wahrgenommen und gemocht zu werden: Aus diesem Grund drängt er sich ihr dort auf und versucht sie zu küssen, wobei ihm Alina eine Abfuhr erteilt (vgl. S. 225–227). Edgar fühlt sich danach zutiefst gedemütigt und entwickelt Gewaltfantasien:

> „Ich weiß nicht, Danny ... ich weiß nicht, was mit mir los ist. Danach ... ich habe sie so gehasst danach. Ich habe gedacht, ich muss sie ... ich weiß es nicht." (S. 227–228)

Edgars Gefühle für Alina schlagen in Hass um

Zu gern hätte Edgar Alina die Todesnachricht überbracht und sich an ihrer Trauer geweidet (vgl. S. 147). Stattdessen muss er erkennen, dass sich Daniel und Alina nähergekommen sind – und ihm sein bester Freund Daniel davon gar nichts erzählt hat. Edgar versucht Daniel davon zu überzeugen, dass Alina ihn nur benutzt (S. 223–224). Er arbeitet sich auch „künstlerisch" an Alina ab, so ist sein aktuelles Porträt von Alina ein Ringen um die Darstellung ihres Blicks (vgl. S. 220). Er ringt auch darum, Daniel nicht zu verlieren. Als sensitiver Mensch spürt Edgar, dass mit Daniel etwas geschieht, von dem er selbst ausgeschlossen ist. Doch er drängt sich ihm nicht auf. Er fragt nach, umarmt Daniel und bestärkt damit ihre Freundschaft (S. 164–165). Später, als er weiß, dass Daniel und Alina ein Paar sind, fühlt er sich verraten (vgl. S. 228). Dennoch macht Edgar seinen Frieden mit Daniels Beziehung zu Alina und schlägt Daniel als neues Projekt vor, nach dessen verschwundenen Vater zu suchen (S. 255).

Alina von Wildern

„wie ein verdammter Filmstar" (S. 60)

Alina von Wildern ist 15 Jahre alt und wird im Text als äußerst attraktiv beschrieben (S. 60). Sie ist eine Klassenkameradin Daniels und eine Sadistin[29]:

> „Sie macht anderen gerne klar, dass sie hässlicher sind als sie. Oder ärmer. Oder dümmer. Sie macht es nie direkt. Es sind ihre Blicke, wenn jemand an der Tafel steht. Oder kleine Bemerkungen und Fragen, die ganz harmlos wirken, aber direkt auf die Zwölf gehen." (S. 25)

Sadistisch: quält ihre Mitmenschen

Alina bewohnt mit ihren Eltern und ihrem Bruder Pascal „das größte Haus in der Gegend" (vgl. S. 25). Dieses Haus mit Park und See, von Daniel und Edgar „Residence Evil" genannt (S. 25), wirkt auf den ersten Blick sehr repräsentativ, bei näherem Hinsehen allerdings zeigt sich, dass manches nur Fassade ist (vgl. S. 90). Eine Fassade in Form eines hochmütigen Gesichtsausdrucks trägt auch Alina vor sich her (S. 25). Ihre Arroganz grenzt an Verachtung, und die lebt sie gerne an ihren Mitschülern und Mitschülerinnen aus wie an Jenny Bluhm (vgl. S. 25–26), Enzo (S. 26–27) oder Pia (S. 51–52). Aber auch Lehrer bzw. Lehrerinnen sind vor ihr nicht sicher, so im Text Frau Köpke, wobei die intelligente Alina sich rhetorisch sehr begabt zeigt (vgl. S. 27–29). Später zeigt sich, dass Alina auch eine begabte Ladendiebin ist (S. 194–195).

---

29 Sadisten: Menschen, die zum eigenen Vergnügen andere Menschen physisch oder psychisch verletzen.

Wegen ihres asozialen Verhaltens wird Alina von Daniel und Edgar „Princess Evil" (S. 25) genannt. Später wird sie Daniel sagen, dass sie aus einem emotionalen Defizit heraus so handelt (S. 196–197): Es ist ihr wichtig, die Gefühle ihrer Mitmenschen kontrollieren zu können, wobei ihr der Hass anderer Menschen auf sie angeblich egal ist: „Genau. Ich entscheide eben selbst, was andere über mich denken." (S. 197) Sie entscheidet auch glasklar, wen sie in ihr Leben lässt, so zeigt sie dem übergriffigen Edgar konsequent seine Grenzen auf (S. 226–227). Obwohl sie beispielsweise an Venners Party teilnimmt, hat sie in der Klasse keinerlei Freunde, die sich um sie nach dem Tod ihres Bruders sorgen (S. 70 f.).

Leidet sehr unter dem Tod ihres Bruders Pascal

Alinas Liebe gilt ihrem Bruder Pascal, mit dem zusammen sie Falk Venners Party besucht, wobei sie „wie eine Erscheinung" (S. 59) wirkt. Ihre Beziehung zu ihrem Bruder ist sehr eng (vgl. S. 62), und es spielt für sie keine Rolle, dass er Probleme mit Drogen hat (S. 135). Vermutlich hat seine Sucht ihre Fürsorge für ihn noch verstärkt, so bewahrte sie ihn unter Einsatz ihres Lebens, von einem Zug überrollt zu werden (S. 63). Nach Pascals Unfalltod wirkt sie „wie eine Schauspielerin, die die Rolle der Schurkin abgelegt hat". (S. 159) Sie macht sich Vorwürfe, nicht gut genug auf Pascal aufgepasst zu haben (S. 189). Alina ist einsam (S. 196) und leidet unter ihrem geistig abwesenden Vater und ihrer Mutter, die sie wie eine Puppe behandelt (S. 192). In ihrer Familie ist sie mit ihrer Trauer allein. Das macht sie empfänglich für Daniels Empathie, dem sie sich in der Folge mehr und mehr zuwendet. Auch wenn sie sich erst einmal wie eine Art Göttin verhält, die Daniel Anweisungen erteilt in Form von Befehl und Appell (vgl. S. 127, S. 129). Später weint sie in seinen Armen und lässt sich von ihm trösten (S. 161).

Sie will den Unfallfahrer auf eigene Faust ermitteln

Schließlich spannt Alina Daniel in ihre private Recherche zum Unfalltod ihres Bruders ein (vgl. S. 134), wobei das von ihr gefundene Plastikstück Daniels Verdacht gegen Thomas König verstärkt (S. 136). Alina ist es aber auch, die Daniel zu einem anderen Blick auf die Welt verhilft. Sie macht ihm klar, dass er seine „Ausraster" nicht auf jemand anderen schieben kann und er es sich in seiner Opferrolle zu bequem gemacht hat:

> „‚Ich mache das nicht mit Absicht', sage ich. ‚Das passiert einfach so.'
> Sie sieht mich an. ‚Einfach so, ja?'
> ‚Ich habe keinen Einfluss darauf.'
> Sie schüttelt den Kopf. ‚Du armes kleines Opfer', sagt sie und lacht, ein heiseres, kratziges Lachen." [...]
> ‚Vielleicht solltest du aufhören, zu denken, dass dir die Dinge einfach passieren.'" (S. 192)

Auf bemerkenswerte Weise macht sie ihm den Unterschied klar zwischen dem, was passiert, und dem, von dem man will, dass es passiert:

> „‚Du musst dich trauen, zuzugeben, dass *du* es bist, der das alles macht', sagt sie dann. ‚Du musst ehrlich sein zu dir selbst. Dann verstehst du es auch.'" (S. 192)

Damit schafft Alina das, woran sich Daniels Psychologin Frau Stenzer zunächst noch erfolglos abarbeitet: Sie animiert ihn zur Selbstreflexion. Aber auch Alina wird von Daniel, in den sie sich inzwischen verliebt hat (S. 197), beeinflusst. Sie nimmt sich nach seiner Kritik an ihrem Umgang mit den Mitschüler:innen (S. 193) vor, zukünftig netter zu sein (S. 202).

Daniel gesteht ihr das Stalking

Später bekommt sie einen Brief von Daniel, in dem er ihr die Beobachtungen durch Edgar und ihn gesteht und seinen Verdacht, dass Thomas König Pascal getötet haben könnte. Ihre Reaktion auf diesen Brief bleibt im Text offen (S. 258).

Nebenfiguren

Daniels Vater

Die Figur von Daniels Vater erschließt sich nicht aus dem direkten Romangeschehen, sondern durch Analepsen/Rückblenden[30] und Daniels Vorstellungen. Durch eine Imagination wird die Figur auch eingeführt:

Verantwortungsloser Vater und Musiker

> „Er sieht immer gleich aus: Dreitagebart, Fusselhaare, er ist meistens in so einer chilligen Stimmung, als hätte er alle Zeit der Welt, und in seiner Hand hat er immer ein Glas mit einer gelbbraunen Flüssigkeit – Whisky, sein Lieblingsgetränk.“ (S. 15)

Über verschiedene Rückblenden (Analepsen) erfahren wir, dass Daniels Vater sehr an seiner „chilligen Stimmung“ gelegen war. Er saß komponierend im Keller (S. 155), während Daniel als Kind sehr krank war. Zwar hat er Daniel gezeigt, wie man eine Fahrradkette aufzieht (S. 266), und war immer zu Scherzen aufgelegt. Doch als Vater hat er versagt, wie Frau Winkler ihrem Sohn zu erklären versucht: „Ich weiß, du willst so was nicht hören, Danny. Aber dein Vater war kein Vatertyp. Er war … er war ein Clown!“ (S. 156)

Musik steht beim Vater über allem – auch über der Familie

Als Clown verstand sich Herr Winkler aber keinesfalls, vielmehr sah er sich als tollen lässigen Typen und so sieht ihn auch Daniel in seiner Erinnerung. Er nannte Daniel *„Sohn des Zeus, Sohn Gottes, son of a gun* oder so“ (S. 54). Mit diesem überzogenen Selbstbild hält sich Daniels Vater für einen großen Rockgitarristen. Er trägt die gleiche Frisur wie der bekannten Rockstar John Bon Jovi und T-Shirts mit dem Namen bekannter Rockbands (vgl. S. 120). Daniel wollte er nach einem toten Rockgitarristen „Johnny“ nennen, was seine Mutter allerdings verhinderte (S. 96). Daniels Vater ist aber kein erfolgreicher Musiker, sondern muss mit seiner

30 Siehe dazu Kapitel 3.3 Aufbau, Chronologische Struktur.

Band über Land tingeln (vgl. S. 119). Schließlich verlässt er seine Familie, als Daniel zehn Jahre alt ist, meldet sich nie wieder und zahlt auch keinen Unterhalt für seinen Sohn (vgl. S. 119 ff.; S. 54). Bevor der Vater aus Dannys Leben verschwindet, schenkt er ihm den Hund Ozzy: Als könnte ein Hund über den Verlust des Vaters hinwegtrösten. Und es ist natürlich kein Zufall, dass der Hund den Vornamen des Rockstars Ozzy Osbourne trägt (S. 120 f.).

Seine Frau verzeiht Daniels Vater sein verantwortungsloses Verhalten nicht: Sie löscht ihn aus ihrem und Daniels Leben und lässt auch vor dem Sohn kein gutes Haar an ihm. Daniel hingegen vermisst seinen Vater sehr, auch weil Frau Winkler viele persönliche Details lange verschweigt bzw. verdrängt. Dies ändert sich allerdings im Zuge der psychologischen Therapie Daniels, in deren Verlauf er sich von seinem Vater zunehmend distanzieren kann (vgl. S. 170 f.).

Pascal von Wildern

Alinas jüngerer Bruder

Der 14-jährige Pascal von Wildern ist Alinas Bruder (S. 62). Der Ich-Erzähler beschreibt ihn als „groß und dünn, Typ männliches Hungermodel" (S. 38). Pascal hat Sinn für Stil und Kleidung, so erscheint er auf Falk Venners Party im Stil der 1920er-Jahre gekleidet:

> „Er hat ein Hemd mit Hosenträgern an und eine altmodische Schirmmütze auf dem Kopf. Er sieht aus wie ein erwachsen gewordener Held aus einem Erich-Kästner-Roman." (S. 61)

„Underdog" (S. 62)

Pascal von Wildern ist allerdings labil und drogenabhängig (S. 63). Seine Eltern scheinen mit ihm überfordert zu sein, weshalb sie ihn zunächst bei Verwandten und dann in einem Internat unterbringen (vgl. S. 62). Die problematische Beziehung zwischen ihm und den Eltern zeigt sich auch in der kühlen Gestaltung seines blumenlosen Grabes, das „irgendwie steril" (S. 160) aussieht.

Nur seine Schwester Alina scheint Pascal an sich heranzulassen. Ihr Kontakt ist sehr eng, wie Jenny Bluhm zu berichten weiß, sodass sie häufig für ein Paar gehalten werden (S. 62). Von Alina wird Pascal auch gerettet, als er im Drogenrausch auf Bahngleisen umherläuft (S. 63). Er findet sich im Leben nicht zurecht, ist abgründig und lebt laut seiner Schwester „auf dem falschen Planeten" (S. 135). Pascal von Wildern ist verhaltensauffällig und erschreckt seine Schwester zu Tode, wenn er sich an einem kalten Tag in eiskaltes Wasser fallen lässt und absichtlich erst spät wieder auftaucht (S. 98–99). Er scheint eine Vorliebe für morbide Dinge zu haben und liest vor seinem tödlichen Unfall Truman Capotes Roman *Kaltblütig*, der von dem Mord an einer amerikanischen Farmersfamilie und der Hinrichtung ihrer Mörder handelt.[31]

Auch Pascal von Wildern kommt schließlich ums Leben: nach Venners Party, als er ohne seine Schwester die Feier verlässt. Er wird laut Philipp Archer von einem Auto überfahren und sterbend liegen gelassen (vgl. S. 69). Daniel fragt sich allerdings irgendwann, „ob Pascal vielleicht doch sterben wollte. Ob er sich absichtlich vor das Auto geworfen hat" (S. 160). Pascals Todesumstände klärt die Romanhandlung nicht restlos auf.

Jenny Bluhm

Ebenso wie Edgar und Alina besucht auch Jenny Daniels Klasse. Sie wächst ohne Vater auf, nachdem der straffällig geworden ist und im Gefängnis sitzt:

> „Jennys Vater sitzt im Knast, weil er sich an eine 13-jährige rangemacht hat oder so, ihre Mutter muss jetzt drei Jobs machen und Jenny und ihre Geschwister allein durchfüttern." (S. 25)

31 Dazu siehe auch Kapitel 3.6 Stil und Sprache, Intertextualität.

Jenny glaubt an die Macht von Moral und Anstand und ist sich sicher, dass Pascals Unfallfahrer von seinem Gewissen gequält wird und auf diese Weise für seine Tat bezahlt: „Weil er weiß, dass er ein Schwein ist. Das wird er nicht mehr los." (S. 115)

Verliebt in Daniel?

Alinas respektloses Verhalten in der Schule verletzt Jenny so sehr, dass sie eine Woche nicht zum Unterricht kommen kann (vgl. S. 25–26). Sie sucht oft die Nähe von Daniel und wird zu einem Opfer seiner Gewalttaten, als dieser grundlos ihr Fahrrad zerstört (S. 78). Später bemüht sich Danny um Wiedergutmachung, indem er ihr wieder ein neues Rad beschafft (S. 234).

Jenny ist bestens mit den Familienverhältnissen der Familie von Wildern vertraut und klärt Daniel und Edgar an der Party darüber auf (S. 62–63). Die Faszination der Jungen von Alina von Wildern kann sie natürlich nicht nachvollziehen, was sie präzise auf den Punkt bringt:

> „Sie betrachtet uns beide und schüttelt mit dem Kopf. ‚Ihr seid genauso bescheuert wie alle anderen auch', sagt sie. ‚Die ist böse, Mann.'" (S. 61)

Philipp Archer

Der Englischlehrer (S. 29) ist mit einer Ärztin verheiratet (S. 146), Vater eines Sohnes (S. 149) und dem Alkohol – auch während der Schulstunden! – zugeneigt (vgl. S. 69). Er ist Engländer und, folgt man dem Ich-Erzähler Daniel, unsympathisch:

> „Archer überhaupt. Krasser Typ, basketballprofigroß, Oxford-Attitüde und immer frisch gekämmt, im Zweitberuf Arschloch. Macht nur Unterricht, wenn er Lust hat, ansonsten sagt er, wir sollen irgendwas lesen, checkt die Aktienkurse oder verkauft auf eBay seine Plattensammlung. Und jede Woche schikaniert er jemand anderen aus unserer Klasse, allerdings nie die Prin-

> zessin, die schikaniert ja selbst, außerdem steht er auf sie. Sie wären ein reizendes Paar.“ (S. 69–70)

Unbeliebt bei Kolleg:innen und Schüler:innen

Seine an Verachtung grenzende Haltung gegenüber seinen Schüler:innen demonstriert er auch dadurch, dass er seine Füße auf das Lehrerpult legt (S. 167). Bei den Schüler:innen und im Kollegium ist er gleichermaßen unbeliebt (S. 167). Dies und die Tatsache, dass er einen Sportwagen fährt, dürfte der Grund sein, dass er von Falk Venner beschuldigt wird, Pascal von Wildern getötet zu haben (S. 81). Als Daniel einen entsprechenden Hinweis an die Polizei weitergibt (S. 151), ist es mit Archers Selbstzufriedenheit erst einmal vorbei. Er wird von der Polizei aus dem Unterricht geholt und zu dem Unfallabend befragt, worauf er nervös reagiert (S. 168). Archer zwingt Daniel dazu, Alina Arbeitsblätter und Lektüre zu bringen (S. 87–88). Damit sorgt er unbeabsichtigt dafür, dass Daniel und Alina sich näher kennenlernen. Daniel hat Schuldgefühle, nachdem er Archer bei der Polizei angezeigt hat. Archers Verhalten in einer Englischstunde bringt bei Daniel das Fass zum Überlaufen und er schlägt anschließend Felix zusammen (vgl. S. 178–183).

Frau Köpke

Die Lehrerin Frau Köpke unterrichtet in Daniels Klasse Mathematik. Sie liebt diese Wissenschaft und so referiert sie „mit glühenden Wangen über Funktionen und Sinuskurven“ (S. 25). Derart anregend ist auch ihre Einführung in die Wahrscheinlichkeitsrechnung, von der sie „ganz begeistert“ (S. 163) ist. Die Hingabe an die Mathematik erwartet sie auch von ihren Schülerinnen und Schülern, so von Alina von Wildern, deren Romanlektüre während des Unterrichts bei Frau Köpke nicht gut ankommt:

> „‚Alina‘, sagt sie, ‚das Buch ist sicher spannend. Geht es um die Liebe? Du weißt doch, dass sie uns nur davon abhält, die

> Dinge zu sehen, wie sie wirklich sind. Und jetzt leg es bitte weg.'" (S. 27)

Souverän

Dass sie sich damit auf glattem Eis bewegt, wird ihr bei Alinas Reaktion klar (vgl. S. 28). Doch Frau Köpke ist nicht nur eine gute Mathematikerin, sondern auch fit in Rhetorik und kontert Alina mit Schlagfertigkeit, Lebenserfahrung und Ironie (S. 28–29). Auf diese Weise lässt sie die von Alina beabsichtigte Demütigung an sich abperlen, ohne die Situation eskalieren zu lassen, auch wenn Alina das letzte Wort hat.

Falk Venner

Falk Venner, aus wohlhabendem Hause (vgl. S. 49), ist ebenfalls ein Mitschüler Daniels:

> „Man kommt kaum an ihm vorbei, Venner, Vorname Falk, zweimal sitzengeblieben und fast siebzehn, ist nämlich riesig, Typ American-Football-Spieler, Riesenschädel, rote Wangen, kleines Hirn." (S. 49)

Spektakulär sind auch Venners Partys, wie der Ich-Erzähler berichtet:

> „Mindestens fünfmal im Jahr schmeißt er eine fette Party, mit Drinks vom Feinsten und schicken Häppchen, mehreren DJs und allem Drum und Dran, und er lädt alles ein, was nicht bei drei auf den Bäumen ist, sogar Edgar und mich, und wir sind eigentlich kein Partymaterial. Ich bin noch nie hingegangen, aber man erzählt sich, dass auf Venners Partys schon Kinder gemacht und Leute umgebracht wurden." (S. 49)

Falsche Verdächtigungen

Letzteres ist ein Gerücht, doch in Zusammenhang mit seiner letzten Party gibt es mit Pascal von Wildern tatsächlich einen Toten, was Falk Venner sehr betroffen macht (S. 71). Im Folgenden ergeht er sich in Spekulationen über den Unfallfahrer und verdächtigt den Lehrer Philipp Archer, Alinas Bruder Pascal getötet habe (S. 81). Dabei ignoriert er lässig den Zusammenhang zwischen Beschuldigung und Faktenlage: Es genügt ihm, dass er an einem Tag nach dem Unfall einen Sportwagen an der Unfallstelle gesehen hat, den er Archer zuschreibt. Auch kritische Nachfragen seiner Klassenkameraden lassen ihn nicht an seiner Behauptung zweifeln (vgl. S. 82–83). Später ergeht er sich in Spekulationen über ein illegales Autorennen, über die Drogenmafia und wieder über Philipp Archer (S. 258). Mit seiner Behauptung, an der Unfallstelle einen Sportwagen gesehen zu haben, lässt er bei Daniel den Verdacht aufkommen, dass der Tierarzt Thomas König der Unfallfahrer sein könnte.

Frau Stenzer

Bewirkt ein Umdenken Daniels

Frau Stenzer ist Daniels Psychologin (S. 117), die er auf Wunsch seiner Mutter aufgrund seiner Gewaltexzesse besucht. In ihrer Therapie konzentriert sich Frau Stenzer auf zwei Schwerpunkte: nämlich auf Daniels Wut und auf das Verschwinden von Daniels Vater. Sie kommt schnell zur Sache und befragt Daniel ganz direkt nach seiner Wut und spricht ihn auf seine Ausfälle an (S. 118). Dabei setzt sie auf Daniels Kooperation, womit sie allerdings erst einmal scheitert. Sie lässt sich jedoch nicht beirren und konfrontiert Daniel damit, dass er als Zehnjähriger von seinem Vater verlassen wurde (S. 119). Frau Stenzer versucht, in Daniels Bewusstsein eine Verbindung herzustellen zwischen diesem Ereignis und der Wut:

„‚Bist du wütend auf deinen Vater?‘, fragt Frau Stenzer.
‚Mein Vater ist seit fünf Jahren weg‘, sage ich. ‚Ich weiß ja kaum noch, wie er aussieht.‘
‚Was fühlst du, wenn du an ihn denkst?‘“ (S. 121)

Daniel lernt Frau Stenzer zu vertrauen

Dieser Ansatz greift schließlich. In einer der Folgesitzungen fordert Frau Stenzer Daniel auf, sich bewusst an seinen Vater zu erinnern. Daniel berichtet nur positive Dinge (S. 169–170), woraufhin Frau Stenzer Daniel erneut mit dem Weggehen des Vaters konfrontiert. Damit trifft sie Daniel bis ins Mark und bewirkt eine erste Distanzierung Daniels von seinem Vater (vgl. S. 170 f.). Nach und nach gewinnt sie Daniels Vertrauen und steht ihm auch in der Mediation mit Felix und seinen Eltern bei (S. 257).

Felix

> „Es ist einer der Unterstufenschüler, Felix irgendwas, ein dünner Typ mit Hundeblick, den die Größeren in den Pausen herumschubsen, er tut mir immer leid." (S. 181)

Wird von Daniel verprügelt

Der bedauernswerte Felix trifft auf Daniel, als der wieder einmal eine seiner Krisen hat und sich abreagieren muss. Felix ist einfach zum falschen Zeitpunkt am Ort: „Er steht an seinem Fahrrad und sieht zu mir rüber, sieht, wie ich auf ihn zugehe. Was guckt der so?" (S.182) In der Folge wird Felix von Daniel brutal und völlig grundlos zusammengeschlagen (vgl. S. 183).

Dobermannbesitzer

Wird von Daniel verprügelt

Der vermutlich alkoholkranke Mann, Daniel nennt ihn mehrfach „Alki" (vgl. S. 31), und sein Hund werden morgens im Park Opfer von Daniels unkontrollierter Wut nach dem Tod von Ozzy. Nachdem die Hundebesitzer und Hunde sich in der Vergangenheit schon öfters begegnet sind, fragt der Mann Daniel nach dem Verbleib von Ozzy: „Woissn dein Hund?" (S. 31) Seine Neugier wird ihm zum Verhängnis. Denn obwohl Daniel weggeht und ihm signalisiert, in Ruhe gelassen werden zu wollen, läuft er Danny nach und fragt erneut nach Ozzy. Als der Dobermann Daniel dann auch noch anspringt, glühen bei dem alle Sicherungen durch und er tritt auf das Tier ein. Als der Hundebesitzer schließlich

PERSONENKONSTELLATION

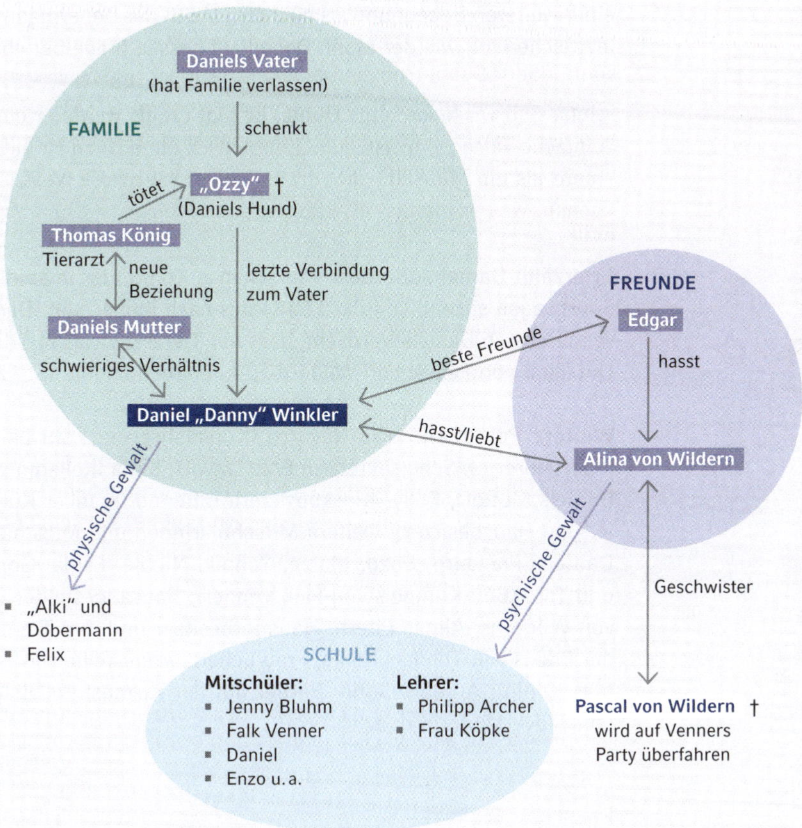

einschreiten will, wird auch er von Daniel angegriffen, ehe Edgar Danny aus der Situation reißt.

Durch die Einflussnahme von Thomas König verzichtet der Dobermannbesitzer auf eine Anzeige (S. 125), sofern er das überhaupt vorgehabt hätte. Er wird vermutlich von König mit neuen Schuhen belohnt (vgl. S. 31, S. 124) und erscheint Daniel bei einer weiteren Begegnung als nüchtern. Auch der Dobermann ist inzwischen tot, wie der Mann Daniel auf dessen Frage berichtet.

> ‚Jetzt sind wir beide ohne Hund.' Er sagt es, als würde er eine einfache Tatsache feststellen. ‚Ein Mensch ohne Hund ist nicht mehr als ein Mensch', sagt er, und verrückterweise weiß ich genau, was er meint." (S. 125)

Er erzählt Daniel außerdem von Thomas König, der in seinem Sportwagen sitzend von der Straße aus nach ihm schaut. Damit verstärkt sich Daniels Verdacht, dass der Tierarzt etwas mit dem Unfalltod von Pascal von Wildern zu tun haben könnte (S. 126).

Weitere Personen: Frau Navarro (Kunstlehrerin); Frau Lauer (Sportlehrerin); Schulsekretärin Frau Unwirt; Katja (Kollegin von Daniels Mutter); Polly (Kioskbesitzerin); Benno (kranker Künstler und Hausbesitzer); weitere Mitschülerinnen und Mitschüler Daniels: Pia, Jaro, Enzo, Matze, Yannik, Nicole, Esma; Goran und Tom (Box-Kumpels von Falk Venner); Hausangestellter der von Wilderns; Alinas Eltern; Haustierbesitzer und ihre Tiere in der Praxis von Thomas König; Frau Scherz (Angestellte von Thomas König); Archers Sohn; Bettler auf der Kirmes; Polizisten; Fahrradverkäuferin u. a.

3.5 Sachliche und sprachliche Erläuterungen

Seite	Begriff	Erläuterung
Titel	***Krummer Hund***	Zwielichtiger, verdächtiger Bursche[32].
HUNDEMÖRDER		
S. 6	Ozzy Osbourne	John Michael „Ozzy" Osbourne (*1948), britischer Rockmusiker.
S. 9	L.A.	Los Angeles, Großstadt im US-Bundesstaat Kalifornien.
DODGE CITY		
S. 16	Dodge City	Legendäre Stadt im „Wilden Westen", im US-amerikanischen Bundesstaat Kansas gelegen.
DEATH = TOD		
S. 21	The Police	Englische Rockband der 1970er-/1980er-Jahre. Einer ihrer größten Hits ist *So Lonely*.
PRINCESS EVIL		
S. 25	Funktionen	Mathematische Funktionen: Beziehung zwischen zwei Mengen, die jedem Element der einen Menge genau ein Element der anderen Menge zuordnet.
S. 25	Sinuskurven	Grafische Darstellungen bestimmter Rechenoperationen.
S. 25	*Residence Evil*	Anlehnung an die Computer-Spielreihe *Resident Evil*.
S. 26	*Spektrum der Wissenschaft*	Populärwissenschaftliche Zeitschrift aus dem Bereich Naturwissenschaft und Technik.
S. 27	erste binomische Formel	Binome: Rechenvorschriften der elementaren Algebra.
100 SACHEN		
S. 36	Frankensteins Monster	Anspielung auf den Roman *Frankenstein* (1818) von Mary Shelley: Der Arzt Viktor Frankenstein erschafft einen künstlichen monströsen Menschen, über den er die Kontrolle verliert.

32 https://www.duden.de/rechtschreibung/Hund

3.5 Sachliche und sprachliche Erläuterungen

Seite	Begriff	Erläuterung
SOHN DES ZEUS		
S. 54	Zeus	Der mächtigste Gott der griechischen Mythologie.
S. 55	Nirwana	Im Buddhismus der Zustand der Vollkommenheit.
RAUSCH		
S. 57	Körper-Tourette	Tourette: Erkrankung des Nervensystems mit Tics und unkontrollierten Bewegungen.
S. 57	Travolta	John Travolta (*1954): amerikanischer Schauspieler, der durch den Tanzfilm *Saturday Night Fever* (1977) zu Ruhm kam.
S. 60	Spot	Scheinwerfer, der zielgenau ausleuchtet.
S. 60	Terminator	Protagonist des gleichnamigen Films aus dem Jahr 1984.
S. 60	Hasta la vista, Baby	Spanisch für „Bis zum nächsten Mal": Zitat aus dem Film *Terminator*.
S. 62	Underdog	Benachteiligter, Unterlegener.
KOMMISSAR VENNER		
S. 81	Picasso	Pablo Picasso (1881–1973): Wichtiger spanischer Maler der Moderne.
GOLD		
S. 89	C-3PO	Roboter aus der *Star-Wars*-Trilogie (1977–1983).
S. 90	Serien über intrigante Weinbarone	*Falcon Crest* (1981–1990): US-amerikanische Seifenoper.
S. 93	*The Lord of the Flies*[33]	Dt.: *Herr der Fliegen*. 1954 erschienener Roman von William Golding, der Gewalt unter Kindern thematisiert.
HIMMEL UND HÖLLE		
S. 101	Serotonin	Hormon, das Glücksgefühle auslöst.
ROSA ELEFANTEN		
S. 110	Apokalypse	Endzeit, Weltuntergang.

33 Die Titelangabe *The Lord of the Flies* ist falsch, der Roman heißt *Lord of the Flies*: Eine Gruppe englischer Jungen im Alter zwischen sechs und zwölf Jahren verschlägt es nach einem Flugzeugabsturz auf eine unbewohnte tropische Insel. Im Verlauf der Handlung spaltet sie sich in zwei feindliche Gruppen, die Krieg gegeneinander führen.

Seite	Begriff	Erläuterung
Nicht wütend		
S. 120	*Metallica*	US-amerikanische Metal-Band.
S. 120	Jon Bon Jovi	(*1962): Sänger der US-amerikanischen Rockband Bon Jovi.
LUEGEN		
S. 128	Queue	Billardstock.
S. 128	Hypochonder	Menschen mit übermäßiger Angst vor Krankheiten.
BEWEISSTÜCK		
S. 132	kryptischen Kreidemarkierungen	Kryptisch: fragwürdig, ungesichert, geheimnisvoll.
FLASHBACK		
S. 141	Epileptiker	Epilepsie: eine Nervenkrankheit, bei der der Betroffene massiv verkrampft.
S. 141	Werwolf	Mischwesen aus Wolf und Mensch.
S. 143	Paranoia	Verfolgungswahn.
ARCHERS AUTO		
S. 145	Adrenalin	Ein Hormon, das u.a. eine erhöhte Herzfrequenz bewirkt.
SON OF A CLOWN		
S. 169	Bonnie und Clyde	Legendäres US-amerikanisches Gangsterpaar.
SCHIEFER TURM		
S. 172	Pisa	Italienische Stadt, u. a. bekannt für ihren geneigten Turm: Der schiefe Turm von Pisa.
Bloss Weg hier		
S. 184	Ariana Grande	(*1993): US-amerikanische Sängerin und Schauspielerin.
HELLWACH		
S. 199	Jekyll und Hyde	Nach der Novelle *Der seltsame Fall des Dr. Jekyll and Mr. Hyde* (1886) von Robert Louis Stevenson: Der Arzt Dr. Jekyll erleidet eine Persönlichkeitsspaltung und lebt als Mr. Hyde Gewaltfantasien aus.

3.5 Sachliche und sprachliche Erläuterungen

Seite	Begriff	Erläuterung
GREEN MILE		
S. 211	*The Green Mile*	Film (1999) nach einer Romanreihe von Steven King über einen zu Unrecht zum Tode verurteilten Schwarzen, der im Todestrakt eines Gefängnisses auf seine Hinrichtung wartet und der über unorthodoxes Heilwissen verfügt.
EDGARS ABGRUND		
S. 228	goldene Himbeere	Preis für besonders schlechte schauspielerische Leistungen.
DUELL		
S. 237	Déjà-vu	Ein Déjà-vu beschreibt das Gefühl, etwas schon einmal ganz genauso gesehen oder erlebt zu haben.
FREAK		
S. 257	Mediation	Verfahren zur außergerichtlichen, konstruktiven Bearbeitung von Konflikten.

3.6 Stil und Sprache

Zusammenfassung

Die Autorin Juliane Pickel erzählt in *Krummer Hund* in der Ich-Form und setzt zahlreiche Motive ein, die sich wiederholen und dadurch das Erzählte miteinander verknüpfen. Sie verwendet kurze jugendgerechte Sätze.

Erzählersprache

Jugendsprache: geringe Distanz zu den Leser:innen

Eine Erzählersprache im klassischen Sinne gibt es in *Krummer Hund* nicht. Die Geschichte wird aus der **Perspektive des 15-jährigen Daniel** erzählt. Viele Figuren des Romans sind junge Menschen, sodass Juliane Pickel mit einer jugendlichen Sprache (Idiomatik) arbeitet. Den begeisterten Edgar lässt sie beispielsweise „Hammer" (S. 88) sagen anstelle von „toll". Venner spricht in Bezug auf Archers Sportwagen von einer „Poser-Karre" (S. 82). Und Edgar klingt bei Daniels Ansprache nach der Feiernacht jugendlich-authentisch: „Hast du dich nach der Party im Suff eigentlich auf die Fresse gelegt?" (S. 72)

Durch dieses erzählerische Vorgehen bleibt sowohl die erzählerische Distanz zu den Romanfiguren als auch die Distanz zu jungen Leser:innen gering. Dies wiederum steigert das Leseinteresse.

Parataxen

Pickel verwendet in ihrem Roman für Jugendliche überwiegend kurze Sätze, die oft parataktisch aufgebaut sind:

> „Wir fahren Richtung Ortsausgang. Der Schnee wird dichter. Es ist arschkalt im Lotus. An der nächsten Ampel bleiben wir wieder stehen. Wir sitzen eine Weile so da, bis es hinter uns hupt." (S. 39)

Figurensprache

Die Figurensprache dient der **Darstellung des Personencharakters**. Außerdem kann aus der Figurensprache das soziale Umfeld der jeweiligen Person abgeleitet werden. Die Figuren in *Krummer Hund* sprechen unterschiedlich, wie man an den nachfolgenden Beispielen sieht.

Daniel: frustrierter Teenager

Daniels Sprache ist bei Handlungsbeginn die eines frustrierten 15-Jährigen: direkt und ungeschönt (vgl. zum Beispiel S. 140: „ballert den Inhalt in das Katzenvieh hinein"; „guckt sich auch das Arschloch an"). Er spricht und denkt desillusioniert über seine Mutter:

> „Ich kann mir genau vorstellen, wie meine Mutter ihn mustert, wenn sie ihm im Restaurant gegenübersitzt, wie sie ihn abscannt mit ihren großen Augen, wie sie ihn später abtasten wird und ihn darauf überprüft, ob er ihr standhält, so wie man auf einem frisch zugefrorenen See das Eis prüft. Sie wird es sowieso betreten, egal, wie dünn es ist, das tut sie immer. Und wie so oft weiß ich nicht, ob ich sie dafür hassen oder bemitleiden soll." (S. 17)

Abfällig und respektlos ist er auch gegen Menschen in Lebensumständen, die für ihn mit Schwäche verbunden sind. So nennt er den Dobermannbesitzer, der ein Alkoholproblem zu haben scheint, verächtlich „Alki" (S. 32, S. 124). Über den jüngeren, von den Größeren häufig gemobbten Felix äußert er sich ebenfalls mit einer gewissen Respektlosigkeit, auch wenn er ihm anscheinend nicht unsympathisch ist:

> „Es ist einer der Unterstufenschüler, Felix irgendwas, ein dünner Typ mit Hundeblick, den die Größeren in den Pausen herumschubsen, er tut mir immer leid." (S. 181)

Sowohl bei Felix als auch bei dem Dobermannbesitzer sind Denken, Reden und Handeln in auffälliger Weise miteinander verknüpft, denn Daniel greift beide an.

Charakteristische Sprechakte Daniels sind **Rechtfertigung** („Ich bin das nicht. Das bin ich nicht." S. 79), die **Klage**, so über die zahlreichen Liebhaber seiner Mutter (vgl. S. 8–9, S. 24), und die **Anklage**, besonders ausgeprägt in der Konfrontation mit Thomas König (S. 237–248).

Gegen Ende des Romans, als abzusehen ist, dass sich seine Lebensumstände bessern, ist die Diktion[34] kraftvoller und **optimistischer** (vgl. S. 257–258).

Daniels Mutter: ratlose, unsichere Frau

Die Sprechakte von **Daniels Mutter** beziehen sich in der Regel auf ihren Sohn und zeigen eine ratlose, unsichere Frau. Dies zeigt sich besonders nach Daniels Attacke auf den Dobermann und dessen Besitzer:

„‚Ich weiß wirklich nicht, was ich noch tun soll.' Sie drehte ihre Tasse in den Händen. ‚Ich weiß nicht, ob du einfach bescheuert bist oder mich für irgendwas bestrafen willst oder – " (S. 36)

Befehle und Appelle

Nachdem Daniel Jenny Bluhms Fahrrad zerstört hat und angesichts dessen, dass die Beziehung zu Thomas König wegen ihres verhaltensauffälligen Sohnes scheitern könnte, versucht Daniels Mutter verbal durchzugreifen. Sie befiehlt Daniel Verhaltensänderungen („Aber was ich weiß, ist, dass du in Zukunft keine Hunde verprügelst und keine Fahrräder von irgendwelchen armen Mädchen demolierst." S. 111) und appelliert an ihn: „Weißt du, ich brauche jetzt wirklich *einmal* deine Unterstützung." (S. 111) Dabei lässt sie durchblicken, dass es ihr mehr um ihre Beziehung mit Thomas König geht und weniger um Daniel: „Thomas hat ganz sicher keine Lust drauf, sich mit einem halbstarken saufenden Schläger abzugeben." (S. 111)

---

34 Diktion: Mündliche und schriftliche Ausdrucksweise.

Im Verlauf der Handlung ändert sich ihr Ton: Sie setzt nun auf **Austausch und Kommunikation** und fordert Daniel auf, ihr sein zutiefst destruktives Verhalten zu erklären:

> „‚Okay – warum machst du es?‘, fragt meine Mutter irgendwann leise, dann lauter: ‚Dann verrat es mir doch, Danny! Warum machst du diese Sachen? Warum musst du Dinge kaputt machen. Warum schlägst du Menschen? Warum bist du so unglaublich wütend?‘“ (S. 211)

Tierarzt Thomas König

Thomas König gerät durch seine Beziehung mit Daniels Mutter in eine Welt voller Misstrauen und Verhaltensauffälligkeiten. Dies kann an seinen Sprechakten nachvollzogen werden. Zunächst äußert er sich Daniel gegenüber offen und sagt ihm, dass sich seine eigene Mutter das Leben genommen hat (S. 23). Später, als er zur Kenntnis nehmen muss, dass das Zusammenleben mit Daniel nicht einfach ist und die Schwierigkeiten sich häufen, wird der Ton ihm gegenüber rauer (vgl. S. 39). Fassungslosigkeit zeigt und verbalisiert er angesichts Daniels Anschuldigung, Pascal von Wildern überfahren zu haben. König kann es nicht glauben, von Daniel derart falsch eingeschätzt und verdächtigt zu werden:

> „Nur dass ich das richtig verstehe, Daniel. Du denkst, ich hätte diesen Jungen überfahren. Du denkst, dass ich ein Kind überfahren habe. Und danach weggefahren bin. Dass ich diesen Jungen habe sterben lassen. Du denkst, ich bin mit dir im Auto weggefahren, habe dieses Kind da liegen und sterben lassen. Und so getan, als wäre nichts geschehen. Einfach so.“ (S. 242)

Alina: arrogant und aggressiv

Alinas Sprache zeigt eine eloquente Jugendliche, die sich durch ihr ständiges Lesen anspruchsvoller Literatur (vgl. S. 27) gebildet hat. Ihre Sprechakte zeugen von Intelligenz, wie beispielsweise der Wortwechsel mit Frau Köpke zeigt (vgl. S. 28–29). In ihrer Rhetorik stecken allerdings Arroganz und Aggressivität und daher verwendet sie gerne Imperative. Sie bittet nicht, sie befiehlt, als sie Daniel treffen möchte: *„Triff mich morgen um vier. Da, wo es passiert ist. A."* (S. 127) Später mildert sie den Imperativ mit einem Appell: *„Du musst kommen. Ich brauche deine Hilfe."* (S. 129)

Alinas Diktion ist klar und direkt, so zerlegt sie in wenigen Sätzen Daniels Opfer-Konstruktion, die ihn für seine Taten nicht verantwortlich machen kann:

> „‚Ich mache das nicht mit Absicht', sage ich. ‚Das passiert einfach so.' Sie sieht mich an. ‚Einfach so, ja?' ‚Ich habe keinen Einfluss darauf.' Sie schüttelt den Kopf. ‚Du armes kleines Opfer', sagt sie und lacht, ein heiseres, kratziges Lachen." [...] ‚Vielleicht solltest du aufhören, zu denken, dass dir die Dinge einfach passieren.'" (S. 192)

Edgar

In **Edgars Sprache** finden sich je nach Situation Besorgnis, Vitalität und auch Hass. Sorge drückt er aus, als Daniel ihm von seinen Kontrollverlusten berichtet:

> „‚Ich wusste nicht, dass es so krass ist', sagt er nur irgendwann, den Blick ins Feuer gerichtet. ‚Da im Park ... du sahst dabei gar nicht aus wie du.'" (S. 48)

Stalking

Ein übermütiger, aber auch aggressiver Stil findet sich in Verbindung mit Alina. Hier erkennt man, wie sehr ihn das „Projekt Alina" und seine Zuneigung zu ihr gepackt hat:

> „‚*Sie* wird garantiert auch da sein.'
> ‚Ja, und alle anderen Idioten aus der Klasse auch.'
> ‚Sie wird trinken, Mann', sagt er, als wäre damit alles klar.
> ‚Na und?'
> ‚Und tanzen.' Er ist ganz aufgekratzt." (S. 50)

Humorvoll, voller Erwartungen und übermütig gibt er sich dann auch sprachlich auf Venners Party: „We're sexy and we know it [...]." (S. 56) Nachdem er von Alina dort eine Abfuhr erhalten hat, zeigt Edgar, dass er aber auch anders kann. So spricht er über Alina und Pascals Tod ohne jede Empathie, nahezu hasserfüllt (vgl. S. 147).

Erzählform und Erzählverhalten

Bei der **Erzählform** wird differenziert zwischen Er-Form und Ich-Form, wobei hinsichtlich der Ich-Form zwei Erzählertypen zu unterscheiden sind:

Ich-Form 1

Der erste Ich-Erzählertyp erzählt **ohne einen zeitlichen Abstand** vom Geschehen, er weiß nicht mehr als die Leser:innen. Erzählendes und erlebendes Ich sind weitgehend identisch. Entsprechend verfügt dieser Ich-Erzählertyp im Allgemeinen außer in Bezug auf sich selbst nur über Außensicht. Er nimmt einen **internen point of view** ein mit personalem Erzählverhalten.

Ich-Form 2

Der zweite Typ des Ich-Erzählers erzählt **mit einem deutlichen zeitlichen Abstand**, der ihn mehr wissen lässt als den Leser:innen. Das erzählende Ich ist nicht identisch mit dem erlebenden Ich. Dieser Inkongruenz wegen hat dieser Ich-Erzählertyp (außer in Bezug auf sich selbst) nur Außensicht zur Verfügung mit einem **externen point of view**. Sein Erzählverhalten ist demzufolge neutral oder sogar auktorial. Der Ich-Erzähler dieses Typs eignet sich insbesondere zur quasi-autobiografischen Erzählung des eigenen Lebens gegen dessen Ende.

Erzählverhalten

Beim **Erzählverhalten** unterscheidet man grundsätzlich folgende Dreier-Typologie:

- **Auktoriales Erzählverhalten**: Der Erzähler gibt sich als eigenständige Instanz zu erkennen. Er kommentiert, reflektiert und urteilt. Auf der Grundlage eines **externen point of view** offenbart er ein umfassendes Wissen über das Erzählte. Dies schließt die **Innensicht, Wissen um Vorgeschichte und**

zukünftige Entwicklungen ein. Eine für den auktorialen Erzähler typische Erzählhaltung ist die Ironie. Auch Humor und Leseransprache sind Zeichen auktorialen Erzählens.

- **Neutrales Erzählverhalten**: Der Erzähler gibt sich nicht als eigenständige Instanz zu erkennen, sein Verhältnis zum Erzählten ist unspezifisch und somit neutral. Dieses Erzählverhalten neigt zum **externen point of view**, aber nicht notwendig zur Innensicht.
- **Personales Erzählverhalten**: Der Erzähler nähert sich erkennbar dem Standpunkt der erzählten Figur an. Dies gilt besonders dann, wenn er mit Innensicht erzählt. Darbietungsweise sind erlebte Rede oder innerer Monolog.

Ich-Erzählsituation in *Krummer Hund*

Aus den obigen Informationen ist leicht zu schließen, dass Pickel in *Krummer Hund* den ersten Ich-Erzähler-Typ gewählt hat mit personalem Erzählverhalten. **Der Erzähler ist als handelnde Figur in das Geschehen eingebunden.**

„[S]o beherrscht der Ich-Erzähler, der seine Umgebung und sich selbst präzise wahrnimmt, auch unterschiedliche Tonalitäten, von ironisch über neutral bis hin zu berührend. Letzteres vor allem dann, wenn er in Bildern erzählt, die seine Emotionen ganz unmittelbar verdeutlichen.“[35]

Dieser Ich-Erzähler-Typ führt nach dem Literaturwissenschaftler Franz K. Stanzel zu einer Ich-Erzählsituation: **Die Leser:innen erleben das Geschehen allein aus der Perspektive des Ich-Erzählers**, also aus der Perspektive Daniels inklusive Innensicht auf seine Gefühlswelt.[36]

---

35 Karin Haller https://www.jugendliteratur.at/buchtipps/ex-libris/krummer-hund

36 Der Ich-Erzähler-Typ erscheint häufig in guten Kriminalromanen, so in dem berühmten *The Big Sleep* (1939) von Raymond Chandler (dt.: *Der große Schlaf*). Der Ich-Erzähler bzw. der Detektiv weiß nicht mehr als als der Leser, wodurch Spannung erzeugt wird. Siehe auch Lernskizze 6: Erzählsituation.

Direkte Rede

Authentizität

Ein wesentliches Stilmerkmal von *Krummer Hund* ist der Einsatz der direkten Rede, bei der eine Figur mit einer anderen spricht. Daraus resultiert eine Unmittelbarkeit bei der Vermittlung des Gesagten, da die vermittelnde Erzählerfigur entfällt. Ein Beispiel dafür ist der Dialog zwischen Daniel und der Fahrradhändlerin, den Daniel eröffnet:

> „‚Was kostet das?'
> ‚Wie viel hast du?'
> ‚Vierzig Euro', lüge ich.
> ‚Für fünfzig ist es deins.'
> ‚Aber es sieht nicht wirklich gut aus.'
> Sie nimmt eine Kiste von einem Regal und stellt sie vor mich auf den Boden.
> ‚Gib ihm zwei Stunden.'" (S. 232)

Durch den Einsatz der direkten Rede erscheinen die Figuren hier authentisch und die Gespräche lebendig.

Themen und Motive

Narrative Verknüpfung

Motive[37] sind die kleinsten Einheiten der Romanhandlung. Pickel arbeitet mit zentralen Motiven, die sich im Text wiederholen. Erste Eindrücke, die die Leser:innen bei der Rezeption gewinnen, können sich durch die **Motivwiederholungen** verdichten und so eine erzählte Welt formen. Gleichzeitig sorgen die Motivwiederholungen für die Verbindung der einzelnen Kapitel miteinander, sodass durch diese Art der narrativen Verknüpfung schließlich ein komplexes erzählerisches Ganzes entsteht. Beispiele und Effekt der wichtigsten Motive werden im Folgenden dargestellt und erläutert.

---

37 Siehe auch Lernskizze 4: Die Daniel charakterisierenden Motivketten „Doppelgänger", „Feuer/Hitze" und „Imagination des Vaters".

Motiv	Erstnennung	Wiederholung	Effekt
Doppelgänger/ Zwilling	„Ich möchte am liebsten schreien, aber ich habe keine Stimme, und von ganz weit weg sehe ich mir zu, wie ich Sachen mache, die ich gar nicht machen will." (S. 11)	„Manchmal bin ich währenddessen auch ganz ruhig. So wie jetzt. Von weit oben sehe ich mir zu, wie ich den Schlüssel aus der Tasche hole und langsam wieder aussteige." (S. 11); „Ich betrachte meinen tretenden Fuß, als würde er jemand anderem gehören, sehe ihm zu, wie er sich bewegt, und dann reißt mich jemand weg, ich falle, jemand drückt mich auf den Boden, jemand liegt auf mir, und ich wehre mich nicht, und ich weiß gar nicht, wie er dahin gekommen ist – wo ist der Hund?" (S. 34); „Irgendwann erzähle ich Edgar davon, wie es ist, wenn diese Sachen passieren, für die ich keinen Namen habe. […] Davon, wie ich von oben heruntersehe auf das, was da passiert – und davon, dass ich mich danach fühle wie ein beschissener Freak." (S. 48); „‚Der ist nur ein gutes Jahr jünger als sie', sagt Jenny, ‚die sind so 'ne Art Zwillinge.'" (S. 62); „Ich bin das nicht. Das bin nicht ich." (S. 79); „Es ist die falsche Frage. Ich bin nicht dabei, wenn ich ‚diese Sachen' mache." (S. 118); „Ein Teil von mir löst sich aus meinem Körper." (S. 122); „Als ich gerade fragen will, ob alles in Ordnung ist, legt sie sich plötzlich auf die Straße, genau da, wo der angedeutete Körper aufgemalt ist." (S. 132).	Das Doppelgänger-Motiv bedeutet Ich-Spaltung, Identitätskrise und Verlust der Selbstkontrolle. Diese Bedeutungen sind eindeutig der Figur Daniel zugeordnet. Die Zitate auf den Seiten 11, 34, 79, 118 und besonders S. 122 stehen für die Ich-Spaltung Daniels. Diese Zitate zeigen auch Daniels Verlust der Selbstkontrolle, die in ihrer Summe zu Daniels Identitätskrise führen, die er Edgar gegenüber formuliert (S. 48). Das Zwillingsmotiv symbolisiert u. a. Harmonie und Vollendung. Es kann, wie aus Zitat S. 62 hervorgeht, Alina und ihrem Bruder zugeordnet werden. Auch das Zitat S. 132 gehört in den Kontext von Verbundenheit und Harmonie.

3.6 Stil und Sprache

Motiv	Erstnennung	Wiederholung	Effekt
Feuer/ Hitze (Auswahl)	„Und dann öffnet jemand irgendwo in meinem Körper ein Ventil, und aus dem strömt ein Gas aus, ein giftiges heißes Gas, und das verteilt sich nach und nach ganz still und leise in meinen Armen und Beinen und sammelt sich in meinem Bauch. Es ist so unfassbar heiß, dass ich denke, dass es mich von innen verbrennt." (S. 10)	„Ich fühle, wie ganz langsam wieder diese merkwürdige Hitze in mir aufsteigt." (S. 102); „Wie eine lang gezogene Welle geht die Hitze einmal durch meinen Körper und sammelt sich in meiner Brust." (S. 103); „Hitze" (Kapitelüberschrift, S. 104); „Es war so heiß, dass es über dem Asphalt flirrte, und die Leute blieben in ihren Häusern, um sich vor der Sonne zu schützen." (S. 119); „Ich habe meine Augen zusammengekniffen und gehofft, dass sie noch rechtzeitig kommt, um meinen Vater aufzuhalten, aber sie tauchte einfach nicht auf. Mir war ganz schwindelig vor Hitze." (S. 120); „Wie Lava blubbert die Hitze in meiner Brust." (S. 126); „Die Hitze, die mich jetzt ständig begleitet, ist wieder aufgeflammt und lodert leise knisternd in meinem Körper." (S. 147); „Ich gehe schneller, aber diese verdammte Hitze lässt sich nicht abschütteln." (S. 156); „Unter seiner Umarmung fühle ich sie wieder, diese Hitze in meiner Brust. Sie ist jetzt ständig da." (S. 165); „Die Hitze in meiner Brust lodert wieder auf. Ich bin so müde, wenn ich nicht aufpasse, falle ich ins Feuer." (S. 176); „Ich denke an meine Mutter und an die Angst in ihrem Gesicht. Ich fühle, wie die Hitze in meinem Oberkörper mir fast die Eingeweide versengt." (S. 178); „Als würde ich gegen die Sonne gucken.	Das Feuer bzw. die Flamme symbolisiert u. a. Rebellion und Zerstörung. In *Krummer Hund* ist dieses Motiv mit Hitze verknüpft, dem Begleitphänomen des Feuers (Zitat S. 176), sodass Feuer bzw. Hitze hier gleichgesetzt werden können. Feuer und Hitze sind in diesem Roman von großer Bedeutung, zwei Kapitel sind nach ihnen benannt (vgl. S. 104, S. 188). Zugeordnet ist dieses Motiv Daniel, wie man aus Zitat S. 10 folgern kann. Mit dieser eindeutigen Zuordnung kann ein Zusammenhang dargestellt werden zwischen Daniels „thermodynamischer Anomalie" und einem gravierenden Kindheitserlebnis, dem Weggang des Vaters an einem sehr heißen Tag. Seitdem reagiert Daniel auf ein krisenhaftes Geschehen mit dieser außergewöhnlichen neurophysiologischen Reaktion. So beispielsweise, als er sich von Philipp Archer bedroht fühlt (Zitat S. 180). Diese körperliche Reaktion zeigt sich auch im Umgang mit seiner Mutter (S. 178). Dies ist einerseits vereinbar mit dem Gefühl einer Bedrohung, aber auch mit dem Aspekt der Rebellion. Im Laufe der Handlung ist dieser körperliche Zustand ein Dauerzustand, entsprechend häufig erscheint das Motiv (S. 147, S. 156, S. 165). Diese Häufung steuert auf einen zu erwartenden Höhepunkt zu (vgl. S. 181 und der Kapitelüber-

Motiv	Erstnennung	Wiederholung	Effekt
		Ich mache die Augen zu. Das weiße Licht flutet den ganzen Klassenraum. Es war noch nie so hell. Noch nie so heiß." (S. 180); „Ich muss diese Hitze loswerden." (S. 181); „Feuer" (Kapitelüberschrift. S. 188); „Der Hund hechelt stärker und legt sich hin. Na klar, er wird jetzt langsam einschlafen. Ich will das eigentlich nicht miterleben. In meiner Brust lodert das alte Feuer auf." (S. 238); „Die Flammen in meinem Körper beruhigen sich und verlöschen langsam." (S. 246); „Die Hitze ist vollständig aus meinem Körper gewichen, während der Doc geredet hat." (S. 249)	schrift „Feuer" auf S. 188). Das Zitat S. 238 beschreibt den Zustand Daniels vor der Aussprache mit Thomas König und noch einmal wütet dieses zerstörerische Element in seinem Bewusstsein. Die Zitate S. 246 und S. 249 stehen für Daniels Bewusstseinszustand nach der Aussprache mit König. Das in seinem Bewusstsein wütende zerstörerische Element ist verschwunden, Daniel scheint sich kontrollieren zu können. Mit diesem Motiv kann dementsprechend auch die Veränderung von Daniels Denken im Laufe der Romanhandlung nachvollzogen werden.
Duell	„Wir stehen uns gegenüber wie zwei bescheuerte Cowboys in einem Billigwestern. Dodge City lässt grüßen. Mal sehen, wer zuerst zieht." (S. 16–17)	„Ja … schon …', sage ich, während in meinem Kopf ein kurzes Stimmen-Duell stattfindet zwischen dem Lager der Doc-Gegner (‚Der Typ ist suspekt! Weg mit dem!') und dem der Doc-Befürworter (‚Endlich mal ein guter Typ! Versau das nicht!')." (S. 112); „Duell" (Kapitelüberschrift) (S. 235);	Bei einem Duell handelt es sich um eine ritualisierte Auseinandersetzung zweier Gegner. Diese Auseinandersetzung kann je nach Kultur oder Zeit mit Waffen ausgetragen werden, wie in zahlreichen US-Western dargestellt ist und worauf Daniel in Zitat S. 16–17 anspielt. Gleichzeitig ist dieses Zitat die Vorwegnahme der Konfrontation zwischen Daniel und Thomas König, die mit der Kapitelüberschrift „Duell" angekündigt wird (S. 235). Das Zitat S. 112 steht für die geistige Auseinandersetzung Daniels mit dem Tierarzt Thomas König, in der er abwägt, ob König Freund oder Feind ist. Dies repräsentiert die grundsätzliche Zerrissenheit Daniels gegenüber König.

3.6 Stil und Sprache

Motiv	Erstnennung	Wiederholung	Effekt
Clown	„Ich weiß, du willst so was nicht hören, Danny. Aber dein Vater war kein Vatertyp. Er war … er war ein Clown!" (S. 156)	„‚Dein Vater war ein Clown', hat meine Mutter gesagt, und das stimmt, das war er." (S. 170); „Plötzlich steht mein Vater hinter Archer. Er ist geschminkt wie ein verdammter Clown – und keiner von der netten Sorte." (S. 178)	Das Motiv des Clowns bzw. des Narren steht in der Literaturwissenschaft u.a. für Dummheit und Lächerlichkeit. In *Krummer Hund* ist es Daniels Vater zugeordnet, wie aus den Zitaten S. 156 und S. 170 abgeleitet werden kann. Das Zitat S. 178 steht für die Wandlung des Lächerlich-Grotesken in etwas Bedrohliches: Daniels Vater wird gewissermaßen zum abstoßenden Horrorclown.[38] Das Motiv „Clown" korrespondiert mit dem Motiv „Imaginationen des Vaters", mit dem der Charakter des Vaters dargestellt wird.
Imagination des Vaters (Auswahl)	„Jetzt steht er einfach da, in Jeans und T-Shirt, aber er scheint nicht zu frieren. Er hebt sein Glas in Ozzys Richtung und prostet ihm zu. Ich warte darauf, dass er mich ansieht und etwas zu mir sagt, aber da ist er auch schon wieder weg." (S. 15)	„Als ich die Augen wieder öffne, guckt er mich aus dem Spiegel heraus an. In der Hand hält er sein Whiskyglas. ‚Na, Sohn des Zeus?', sagt er zu mir und trinkt einen Schluck aus seinem Glas. ‚Wie laufen die Geschäfte?'" (S. 54); Ich halte den Rasierpinsel hoch. ‚Guck dir das an', sage ich zu meinem Vater. ‚Sie hat schon wieder einen Neuen.' Mein Vater betrachtet den Pinsel, stellt sein Glas irgendwo ins Nichts und fährt sich mit der Hand über den Dreitagebart. ‚Schönes Teil', sagt er. ‚Ist es einer mit Geld?' Ich zucke die Achseln. ‚Tierarzt.' ‚Ah, einer im weißen Kittel', sagt mein	Dieses Motiv steht für Daniels Einstellung zu seinem Vater, die letztlich in die Distanz mündet. Mit der ersten Imagination (S. 15) wird der Vater gewissermaßen eingeführt. Die Zitate S. 54 und S. 55 zeigen ihn in der positiven Erinnerung Daniels. Das Zitat S. 122–123 und beide Zitate auf S. 179 verweisen auf ein clownesk-lächerliches Verhalten des Vaters, womit sie mit dem Motiv „Clown" korrespondieren. Daniels beginnende Distanz seinem Vater gegenüber ist an Zitat S. 156–157 abzulesen, aus dem hervorgeht, dass er sich vergeblich bemüht, ihn

38 Beim Horror-Clown ist das Harmlos-Verspielte ersetzt durch bedrohlich-bösartige Elemente.

Motiv	Erstnennung	Wiederholung	Effekt
		Vater, und da fällt mir ein, dass er ja noch gar nicht weiß, dass der Neue meiner Mutter es war, der Ozzy sozusagen auf direktem Weg ins Nirwana verfrachtet hat." (S. 55); „Plötzlich sitzt mein Vater auf dem Kissen. Sitzt da mit seiner Gitarre und fängt an zu spielen. Ich kann den Song nicht identifizieren. […] Ich gucke ihn an, aber irgendwie ist es so, als wäre er gar nicht wegen mir hier, er guckt nicht zurück. […] Mein Vater fängt jetzt an, zu seiner Musik zu summen. Seine Augen sind geschlossen. ‚Erlaub dir alles, was du fühlst', sagt Frau Stenzer. Mein Vater dreht jetzt richtig auf, stampft beim Spielen mit dem Fuß auf. […] ‚Ich muss los', sage ich, und mein Vater schließt seinen Song mit einem lang gezogenen ‚Yeah' und ist verschwunden." (S. 122–123); „Da steht mein Vater, da ganz hinten, mitten auf der Straße. Mein Herz macht einen Sprung. Er sieht mich kommen, aber er wendet seinen Blick ab, sieht zu dem Trompeter rüber. […] Ich beeile mich, aber irgendwie komme ich ihm nicht näher, er bleibt immer gleich weit weg. Er sieht wieder kurz zu mir rüber und grinst. ‚Klingt das nicht fantastisch?', sagt er und guckt wieder zu dem Trompetenmann. ‚Was für ein großartiges Instrument!' Er grinst. Er entfernt sich	räumlich zu erreichen. Das Zitat S. 170–171 steht für die beginnende geistige Entfernung Daniels von seinem Vater. Diese Distanzierung nimmt zu (vgl. S. 178–179) und Daniel nimmt seinen Vater jetzt als große Bedrohung (Horror-Clown) wahr. Das Beziehungsende wird durch das Zitat S. 183 repräsentiert und steht gewissermaßen für das Ende einer Vorstellung: Die Schminke sitzt nicht mehr, der Clown selbst ist nicht mehr von dieser Welt. Der einst idealisierte Vater hat keine Macht mehr über Daniel.

Motiv	Erstnennung	Wiederholung	Effekt
		langsam." (S. 156–157); „Als ich nach Hause komme, sitzt mein Vater in der alten Hollywoodschaukel in unserem Vorgarten. ‚Na, Sohn?', sagt er nur, nicht *son of the devil* oder *Sohn des Zeus*, nur *Sohn*, das sagt er nie, und ich denke, wessen Sohn eigentlich?" (S. 170–171); „Plötzlich steht mein Vater hinter Archer. Er ist geschminkt wie ein verdammter Clown – und keiner von der netten Sorte. Er steigt auf den Tisch von Jenny Bluhm und guckt auf uns herunter. Er ist irgendwie viel größer als sonst. Riesig. Ich starre zu ihm herauf." (S. 178–179); „Außerdem bin ich davon abgelenkt, dass mein Vater albern von einem Fuß auf den anderen springt, als wollte er irgendwelche Kinder zum Lachen bringen." (S. 179); „Mein Vater hört zwar auf zu hüpfen, stemmt aber jetzt seine Hände in die Hüften und steht da wie ein Idiot." (S. 179); „Da ist mein Vater wieder. Er sitzt auf einem Stern. Seine Schminke ist verschmiert." (S. 183).	

Die Rolle der Popmusik in *Krummer Hund*

Autorin Juliane Pickel verwendet in ihrem Roman *Krummer Hund* auch Musiksongs. Diese repräsentieren oder unterstreichen die Gefühle der Protagonisten, wie man an nachfolgendem Beispiel sieht, in dem Daniel durch die alten Songs an seinen Vater und die intakte Familie erinnert wird:

Joni Mitchell: *Both Sides Now*

> Sie mochte diesen Song von Joni Mitchell so gerne, *Both Sides Now*, sie kann den ziemlich gut. Ich mag den auch. Diese ganzen alten Sachen mag ich irgendwie. Die klingen nach der Zeit, in der mein Vater noch da war. Mein Vater hat das alte Zeug geliebt. (S. 84)

Ein weiteres Beispiel findet sich zu Beginn des Romans, als Daniel in der Küche auf Thomas König trifft. Daniel hat die zahlreichen Liebhaber seiner Mutter satt (vgl. S. 24). Sie öden ihn an, und so legt er auch keinen Wert darauf, mit „dem Neuen" Thomas König in der Küche zusammenzutreffen, zumal dieser seinen geliebten Hund Ozzy getötet hat:

> „‚Komm erst mal frühstücken', sagt meine Mutter. Ich drücke den Kloß in meinem Hals weg. Ich will nicht frühstücken. Nicht mit dem Hundemörder.
> ‚Keine Lust', sage ich, aber meine Mutter hat diesen Blick, nicht sauer, aber enttäuscht, also gebe ich nach und nehme es ihr übel." (S. 21)

Darstellung von Gefühlen durch Musik

Daniel ist angesichts dieser moralischen Erpressung chancenlos und gibt nach, wobei er sich verloren und einsam fühlt. Diese Gefühle werden durch den Popsong *So Lonely* von der Gruppe The Police dargestellt, den Thomas König bei den Frühstücksvorbereitungen hört.

Ein weiteres Beispiel findet sich am Romanende. Es ist jene Szene im Kiosk, in der Daniel und Edgar sich nach ihrer Aus-

The Beatles:
Let It Be

sprache wiedersehen und ihre Freundschaft retten (S. 253–255). Dieses Kapitel ist mit „LET IT BE" (S. 253) überschrieben, außerdem ertönt der Song *Let It Be* (S. 253) der Beatles im Kiosk. In diesem Rahmen gibt Edgar quasi sein Okay zu Daniels Beziehung mit Alina:

> „‚Es ist nicht so, dass du sie nicht wiedersehen kannst oder so', sagt er, ohne mich anzusehen. ‚Ich meine, vielleicht ist sie … wenn du sie magst, kann sie nicht total verkehrt sein.'" (S. 255)

„Let it be" im Sinne von „Lass es sein" bedeutet, dass etwas hingenommen und akzeptiert wird, so macht Edgar seinen Frieden mit der Beziehung zwischen Daniel und Alina. Es bedeutet aber auch, dass etwas in Fluss ist (im Sinne von „Lass es geschehen"). Dies kann man auf die Suche nach Daniels Vater beziehen und in diesem Zusammenhang als eine an Daniel gerichtete Aufforderung verstehen.

Intertextualität

Integration eines Fremdtextes

Intertextualität bedeutet in der Literaturwissenschaft Integration eines Fremdtextes in den eigentlichen Text. Der Begriff Intertextualität wurde von der französischen Sprachwissenschaftlerin und Psychoanalytikerin Julia Kristeva geprägt.

Die Intertextualität sucht nach Beziehungen von Vorgängertexten (sogenannten Prätexten) und fragt nach möglichen Lesarten von Texten vor dem Hintergrund anderer Texte. Das wohl bekannteste Beispiel für Intertextualität ist die *Aeneis* des Vergil, der sich in vielfacher Hinsicht auf Homers *Odyssee* bezieht.

Kaltblütig von Truman Capote

Bei einem im Roman *Krummer Hund* zitierten Fremdtext handelt es sich um eine Sequenz aus dem legendären Roman *Kaltblütig* (Original: *In Cold Blood*, 1966) des amerikanischen Schriftstellers Truman Capote (1924–1984).[39] Capote schreibt in diesem

39 Mit diesem Roman hat Capote das Genre der Non-Fiction Novel (Tatsachenroman) begründet.

Roman über die furchtbare Ermordung der Familie Clutter in Holcombe/Kansas durch Richard Eugene Hickock und Perry Smith im Jahr 1959. Der FBI-Beamte Alvin Dewey war der leitende Ermittler in diesem realen, auf Tatsachen beruhenden Mordfall, dem schließlich die Festnahme Hickocks und Smiths gelang. Beide Mörder wurden im anschließenden Prozess zum Tode verurteilt und erhängt. Die Exekution fand in einer Lagerhalle statt, Dewey war einer der Zeugen. Auf dieses Detail verweist das in *Krummer Hund* verwendete Zitat aus Capotes Roman:

> „*Dewey hatte sie sterben sehen, denn er gehörte zu den einundzwanzig geladenen Zeugen der Zeremonie. Er hatte noch nie einer Hinrichtung beigewohnt, und als er gegen Mitternacht das kalte Lagerhaus betrat, war er gelinde überrascht.*“ (S. 160)

Pascals Nähe zum Tod

Dass Juliane Pickel Alina von Wildern diesen Textauszug am Grab ihres Bruders lesen lässt, verweist auf Pascals morbide Neigung zum Tod. Diese Interpretation wird noch durch die Aussage Alinas verstärkt, dass Pascal gerne Bücher über den Tod gelesen hat: „‚Er hat immer gelesen, egal, wo er war', sagte die Prinzessin. ‚Am liebsten Bücher, in denen es um den Tod ging.'" (S. 160)

→ Vgl. Kapitel 3.5

Auch die in *Krummer Hund* verwendeten Songtexte (vgl. vorheriges Kapitel, S. 105 f.) und die diversen Anspielungen auf Filme, Spiele, Mythen (z. B. Sohn des Zeus: griech. Mythologie) oder weitere Texte (zum Beispiel auf die berühmten Literaturpärchen Batman und Robin, Asterix und Obelix oder Bonnie und Clyde, S. 169) werden zur Intertextualität eines Textes gezählt. Vgl. dazu auch Kapitel 3.5 Sachliche und sprachliche Erläuterungen.

3.6 Stil und Sprache

Stilmittel

Stilmittel	Definition	Textbeleg
Aposiopese	Satzabbruch	„‚Na, wegen …‘, die Prinzessin deutet mit dem Kinn auf Pias Haare.“ (S. 52)
Imperativ	Befehlsform	„‚Trink das‘, sagt er, ‚das hilft gegen alles.‘“ (S. 22)
Ironie	Ersetzung des eigentlichen Ausdrucks durch dessen Gegenteil oder Negation.	„‚Es tut mir wirklich leid, wenn das alles hier unter deiner Würde ist, Alina‘, sagt Frau Köpke ironisch. ‚Ach, Frau Köpke‘, sagt Evil mit fester Stimme, ‚solange es nicht unter Ihrer ist …‘“ (S. 29)
Metapher	Ersetzen des eigentlichen Wortes durch einen bildhaften Ausdruck aus einer anderen Begriffswelt.	„Denk nicht an den rosa Elefanten.“ (S. 112) Diese Metapher steht für ein offensichtliches Problem, auf das jedoch niemand hinweist oder es offen anspricht.
Parenthese	Unterbrechung eines Satzes durch den Einschub eines anderen Satzes.	„Ich will es ihm sagen, aber in dem Moment steht meine Mutter im Bad, natürlich ohne vorher anzuklopfen – ‚Mach hinne, Danny, ich muss hier jetzt rein!‘ –, und mein Vater ist verschwunden.“ (S. 55)
Repetitio	Mehrmaliges Benennen des gleichen Wortes	„Modell, Modell, Mann, Picasso, hab ich Automobilogie studiert, oder was?“ (S. 82)
Rhetorische Frage	Eine Frage, die keine Antwort erwartet.	„Wer ist hier eigentlich durchgeknallt, ich oder sie?“ (S. 123)

3.7 Interpretationsansätze

Zusammenfassung

In diesem Kapitel geht es um folgende Interpretationsansätze:

- *Krummer Hund* als Entwicklungsroman
- *Krummer Hund* als Roman über das Schweigen

Krummer Hund als Entwicklungsroman

Coming of Age: Erwachsenwerden

Krummer Hund ist ein Roman über das Erwachsenwerden von Daniel. Erwachsenwerden ist ein Entwicklungsprozess, daher kann *Krummer Hund* als Entwicklungsroman („Coming-of-Age"-Roman) interpretiert werden. Moderne Beispiele von Entwicklungsromanen sind u. a. J. D. Salingers ***Fänger im Roggen*** (Original: *Catcher in the Rye*, 1951), ***Crazy*** (1999) von Benjamin Lebert oder ***Tschick*** (2010) von Wolfgang Herrndorf.

Bildungsroman

Das Konzept des Entwicklungsromans ist eng verwandt mit dem des Bildungsromans. **Der deutsche Bildungsroman** entwickelte sich im ausgehenden 18. Jahrhundert und thematisiert die „Bildungs- und Entwicklungsgeschichte eines Menschen (d. h. meist eines Mannes) in der Auseinandersetzung mit der Welt"[40]. Klassische deutsche Bildungsromane sind *Geschichte des Agathon* (1766/1767) von Christoph Martin Wieland, *Wilhelm Meisters Lehrjahre (1795/96)* von Johann Wolfgang von Goethe und *Heinrich von Ofterdingen* (1880) des Frühromantikers Novalis. Erzählt wird in Ich- oder Er-Erzählform.

Definition

Ausgangspunkt einer Bildungsgeschichte ist ein **unvollkommener Zustand der Jugend** oder (naiven) Subjektivität, der sich als unvollkommen vor allem dann zeigt, wenn der Protagonist des Romans mit der Welt, der Gesellschaft, mit dem anderen Geschlecht und/oder mit einem Beruf in Beziehung tritt. Diese

40 Meid, Volker: Sachwörterbuch zur deutschen Literatur. Stuttgart: Reclam, 1999, S.72.

Konfrontation führt zu **Krisen**, deren Überwindung den Protagonisten reifen lassen, was zu einer harmonischen Beziehung von Individuum und Gesellschaft bzw. Welt führt. Diese Dreiphasigkeit **Unreife–Krise–Bewältigung/Bildung** ist typisch für den Bildungsroman.

Entwicklungsroman

Im Unterschied zum Bildungsroman ist beim Entwicklungsroman der zielorientierte Prozess zunehmender Bildung, Harmonisierung und Integration nicht zwingend vorgegeben. Wohl aber wird an der Darstellung der Entwicklung einer zentralen Figur festgehalten. Im Gegensatz zum Bildungsroman kann der Protagonist eines Entwicklungsromans, vor allem in den Romanen der Moderne, scheitern: d. h., **dass eine gesellschaftliche Integration missglückt**.

Krummer Hund: Protagonist Daniel

Das Konzept des modernen Entwicklungsromans kann auf *Krummer Hund* angewendet werden. Die zentrale Figur des Romans ist der 15-jährige Daniel. Zu Beginn der Handlung ist er ein **zorniger Junge ohne jede Impulskontrolle**. Eine Erklärung dafür könnten seine bedrückenden familiären Verhältnisse sein. Als Daniel zehn Jahre alt war, ging der Vater fort (vgl. S. 119–121). Er hat nie wieder etwas von ihm gehört, er weiß nicht einmal, ob er noch lebt (vgl. S. 9). **Daniel leidet unter der Abwesenheit seines Vaters.** Er hat ihn geliebt und nun kann er entscheidende Augenblicke in seinem Leben nicht mit ihm teilen oder sich von ihm trösten lassen. So ist Daniel in der Trauer um seinen geliebten Hund Ozzy, dem Abschiedsgeschenk des Vaters, allein. Daniels Mutter ist ihm in dieser Hinsicht keine Hilfe. Sie erzählt ihm nichts über den Vater. Und falls doch die Sprache auf den Vater kommt, sind es Dinge, die das positive Bild, das Daniel sich von seinem Vater gemacht hat, unterlaufen (vgl. S. 154–156). Alle Erinnerungen, Bilder des Vaters hat sie angeblich weggeworfen.

Konflikt mit der Mutter

Dies alles bringt Daniel gegen sie auf und manchmal wünscht er sich, dass nicht sein Vater, sondern seine Mutter verschwunden wäre: „Manchmal wünschte ich, dass meine Mutter sich damals vom Acker gemacht hätte und nicht mein Vater." (S. 22)

Daniels Beziehung zu ihr ist, analog zu der Stimmung vieler Heranwachsender, eine Mischung aus Zuneigung und Genervtsein:

> „Und komischerweise muss ich plötzlich daran denken, wie sie mir früher Gesichter aus Marmelade aufs Brötchen gemalt hat. Und ich denke, wie es sein kann, dass ein und dieselbe Person mir in einer Sekunde so unfassbar auf die Nerven geht und ich mir in der nächsten wünsche, dass ihr bloß nichts passiert." (S. 174)

Schwierigkeiten in der Patchwork-familie

Einerseits liebt Daniel seine Mutter, andererseits leidet er unter ihrer Empathielosigkeit und darunter, dass er sich in den fünf Jahren nach dem Weggang seines Vaters mit 13 Liebhabern arrangieren musste, die er allesamt nicht mochte (vgl. S. 24). Seine Mutter erwartet aber, dass er die neuen Partner, die auch die Vaterstelle einnehmen sollen, akzeptiert. Ihr zuliebe erfüllt Daniel oft ihre Erwartungen und gibt den guten Sohn. Dabei handelt er gegen seine Bedürfnisse: So auch in jener Situation, in der er morgens, als er Thomas König in der Küche antrifft, wieder gehen möchte und nur seiner Mutter zuliebe bleibt (vgl. S. 21). Umso härter treffen ihn dann die Vorwürfe der Mutter, dass er durch sein Verhalten die Beziehungen scheitern lasse:

> „Er wird versuchen, mit mir über Fußball und Mädchen zu reden. Ich werde ihm nicht antworten, und meine Mutter wird mir später sagen, dass ich mit meiner Verschlossenheit die Männer vertreibe." (S. 8)

Krise

Als Folge all dessen trägt Daniel einen ungeheuren Zorn in sich, der sich in **Gewaltausbrüchen** entlädt, so zum Beispiel in einem Angriff auf einen Dobermann und seinen Besitzer (vgl. S. 32–34). Die Verantwortung für seine massiven Kontrollverluste und deren Folgen will er nicht übernehmen, vielmehr verweist er auf eine Art

„Thomas König, Prinzessinnenbrudermörder" (S. 126)

von **Doppelgängerwesen**[41], das die Kontrolle übernimmt („Ich bin das nicht. Das bin nicht ich." S. 79). Er fühlt sich in diesen gewalttätigen Situationen außenstehend wie ein Zuschauer.

Als der Tierarzt **Thomas König** in Daniels Leben tritt, wird seine emotionale Situation noch komplizierter. Der Mann hat seinen geliebten Hund Ozzy eingeschläfert (vgl. Kapitel „HUNDEMÖRDER"). Und dann datet er auch noch seine Mutter. Zunächst begegnet Daniel dem neuen Liebhaber seiner Mutter weitgehend uninteressiert und skeptisch. Doch dann beginnt er ihn tatsächlich zu mögen: das unaufgeregte Wesen von Thomas König, seine Kochkünste und seinen positiven Einfluss auf die Mutter. Zum ersten Mal macht Daniel die Erfahrung, ernst genommen zu werden. Als König einen Grabstein für Ozzy anfertigen lässt, ist er überwältigt (vgl. S. 100). Entsprechend verzweifelt ist er, als er anzunehmen beginnt, dass Thomas König eventuell Alinas Bruder Pascal von Wildern überfahren haben könnte. Nicht nur Daniels Mutter hat durch die vielen missglückten Beziehungen ein tiefes Misstrauen entwickelt, sondern auch Daniel selbst. Er kann nicht an ein Leben mit Thomas König glauben. Aus Angst, dass er und seine Mutter wieder enttäuscht werden könnten, und wegen seines notorischen Misstrauens vertraut Daniel seinen Unfallverdacht Thomas König nicht sofort an. Dies bewirkt eine krisenhafte Ereigniskette, die in Daniels Angriff auf den Unterstufenschüler Felix kulminiert (vgl. S. 183).

Daniel muss Verantwortung übernehmen

In dieser Situation sind es drei Menschen, die Daniels Denken eine andere Richtung geben. Zunächst ist da **Thomas König** selbst, der Daniel mit dessen tiefen Misstrauen konfrontiert (S. 243) und ihn dazu bringt, ihm zu vertrauen (S. 252) und auch einmal wieder das Gute zu sehen. Die Psychologin **Frau Stenzer** gibt professionelle Hilfestellung, verhilft Daniel zu einem realistischen Vaterbild und bringt ihn dazu, sich endlich seiner Wut zu stellen (vgl. S. 257–258). Entscheidend für sein Umdenken aber

41 Siehe dazu auch 3.6, Stil und Sprache, Themen und Motive, Motiv Doppelgänger/Zwilling.

ist **Alina**, die seinen Umgang mit seinen massiven Kontrollverlusten als eine Verweigerung von Verantwortung entlarvt (vgl. S. 192). Sie löst bei Daniel einen Prozess der Selbstreflexion aus, so heißt es später in seinem Brief an sie: „Ich habe ihr geschrieben, dass ich verstanden habe, was sie meint. Dass die Dinge nicht nur so passieren." (S. 258) Daniel sieht sich nun für sein Tun verantwortlich, er handelt erwachsener. Welche Entwicklungen er in der Folge noch nehmen wird, lässt der Text offen.

Juliane Pickel über Wut, Familie und Freundschaft

Krummer Hund als Roman über das Schweigen

In einem Interview erklärte Juliane Pickel, dass sie „Isolation"[42] und „Sprachlosigkeit"[43] in der Familie darstellen wollte. Dies erlaubt eine Interpretation von *Krummer Hund* als Roman über das Schweigen.

Tabuisierung des verschwundenen Vaters

Tiefes Schweigen prägt die Beziehung zwischen **Daniel und seiner Mutter**. Der augenfälligste Beweis dafür ist die Tabuisierung des Ehemanns und Vaters[44] und die Umstände seines Weggehens. Frau Winkler ist auch noch fünf Jahre nach dem Verschwinden des Partners tief verletzt und nicht in der Lage, mit Daniel über seinen Vater zu sprechen. Sie blockt die Versuche ihres Sohnes, über den Vater zu sprechen, ab:

> „‚Für mich *ist* er tot', sagt meine Mutter dann. ‚Gestorben, als er in sein Auto gestiegen ist und seinen Sohn zurückgelassen hat.'
> Das sagt sie immer – dass er *seinen* Sohn zurückgelassen hat. Dabei interessiert sie nur, dass er *sie* verlassen hat. Manchmal hasse ich sie dafür, dass sie mir nichts über meinen Vater erzählt. Ich habe ja nur das, an das ich mich erinnere. Wenn ich sie nach ihm frage, sagt sie meistens, dass sie keine Lust

---

42 https://www.youtube.com/watch?v=vYyaC0-xtsE

43 Ebd.

44 Siehe dazu Kapitel 5. Materialien, Vater-Sohn-Konflikte: der abwesende Vater.

> hat, über ihn zu reden. Sie hat alle Fotos weggeworfen, alle Sachen von ihm.“ (S. 54–55)

Auch sonst zeigt sich die **Mutter wenig kommunikativ**. Daniel beklagt sich, dass im Hause Winkler über einige Sachen einfach nicht diskutiert wird und seine Meinung gar keine Rolle spielt: „Sie weiß ja schon immer Bescheid, was Sache ist.“ (S. 141) Kommunikativ ist Frau Winkler nur, wenn eine ihrer Beziehungen in die Brüche gegangen ist: Dann fungiert Daniel als Partnerersatz und muss sich alle peinlichen und unschönen Details anhören – ob er will oder nicht (S. 8–9). Beidseitige Sprachlosigkeit erklärt, dass die Mutter Daniel die Therapie bei Frau Stenzer gewissermaßen verordnet, ohne diese wichtige Maßnahme in einer ruhigen Minute mit ihrem Sohn ausführlich besprochen zu haben. Ironischerweise geht es ihr dabei um Kommunikation:

> „Sie seufzt schwer. ‚Ich will, dass du mit jemandem redest.‘ ‚Mit wem?‘ ‚Mit einer Therapeutin.‘ ‚*Was*?‘ […] ‚Also: Keine Ausraster mehr, klar?‘, sagt meine Mutter. Ihre Augen sind groß und weit. ‚Du reißt dich zusammen.‘ Ich nicke. ‚Okay‘, sage ich. ‚Und du gehst zu Frau Stenzer.‘“ (S. 111–112)

Daniel fügt sich und beginnt seiner Mutter zuliebe die Therapie. Doch er hat sich Schweigen auferlegt und dieses Schweigen trägt er in die Therapie. Sein Bedürfnis wäre es gewesen, statt über den verschwundenen Vater über seine Mutter zu sprechen. Doch er unterlässt auch das: „Hat sie sich mal mit meiner Mutter unterhalten? Darüber könnte man reden, und zwar ziemlich lange. Will ich aber nicht.“ (S. 122)

Spekulation statt Kommunikation

Daniel spricht auch nicht über seinen **Verdacht gegen Thomas König**, dass er der Unfallfahrer bei Pascals Tod sein könnte: nicht mit seinem Freund Edgar (S. 107), nicht mit Alina (S. 164–165), mit seiner Mutter schon gar nicht (S. 210) und auch nicht mit dem Tierarzt selbst. Daniel verliert sich in Spekulationen. Erst sein Angriff auf Felix und sein Verschwinden mit dem Lotus und Alina läuten das Ende des Schweigens ein. Seine ganze Enttäuschung und sein Zorn brechen aus ihm heraus (S. 209–211) und er beginnt, mit seiner Mutter zu reden und ihr Fragen zu stellen.

Die Tradition des Schweigens im Hause Winkler übernimmt auch **Thomas König** selbst. Er schweigt aus Rücksicht auf Daniel über dessen Ausraster nach Falk Venners Party:

„‚Und warum hast du mir das alles dann nicht erzählt?‘, frage ich.
Er zuckt die Achseln. ‚Du hast nicht gefragt‘, sagt er. ‚Ich hatte doch keine Ahnung, dass du auf die Idee kommst, dass *ich* derjenige bin, der den Jungen getötet hat. Ich dachte mir schon, dass du dich vielleicht gar nicht an alles erinnerst. Oder dass es dir unangenehm ist. Ich meine, ich habe dich ins Bett bringen müssen. Du hast mir auf die Schuhe gekotzt.‘ […] ‚Ich dachte auch, dass du kein Interesse daran hast, dass es ein großes Thema wird. Dass deine Mutter es weiß.“ (S. 248–249)

Davon, dass die Polizei seinen Wagen untersucht hat und er als Verdächtiger ausscheidet, berichtet der Tierarzt erst, als Daniel ihn mit seinem Verdacht konfrontiert (S. 250).

Schweigen im Hause von Wildern

Geschwiegen bzw. nicht kommuniziert wird auch in der **Familie von Wildern** (S. 192). Vielleicht erst nach dem Tod von Pascal, vielleicht aber auch schon vorher. Symbolisch für dieses Verstummen ist Alinas Vater:

„Er sitzt einfach nur da und guckt in meine Richtung, aber ich glaube, er sieht mich gar nicht. Er sieht ins Nichts, seine Augen fixieren keinen bestimmten Punkt. Er nickt ganz leicht mit dem Kopf.“ (S. 97)

DANIEL UND SEIN LEBENSUMFELD

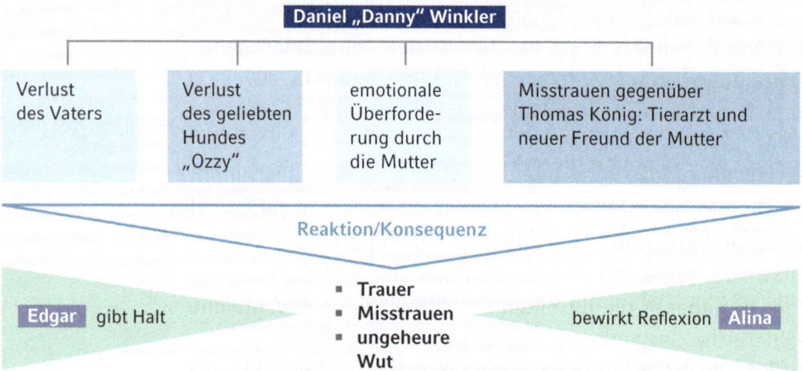

Sprachlosigkeit hat verhängnisvolle Folgen

Folgt man der Linguistik[45], ist der **Sprechakt eine Handlung**. In *Krummer Hund* unterlassen die Protagonisten das Handeln. Sie sind tief verunsichert und haben Angst, etwas Falsches zu sagen und auch, etwas Falsches zu tun. Dadurch wird eine alles in allem verhängnsivolle Ereigniskette ausgelöst.

45 Linguistik: Sprachwissenschaft. Sie untersucht die menschliche Sprache hinsichtlich ihrer Struktur, ihrer Geschichte, ihres Erwerbs und ihres Gebrauchs in der Kommunikation.

REZEPTIONSGESCHICHTE 4

Zusammenfassung

Krummer Hund wurde von der Kritik durchweg positiv aufgenommen. 2021 erfolgte eine Adaption für das Theater.

Ungewöhnliche Figurengestaltung

Ulf Cronenberg vom Literaturportal *Jugendbuchtipps.de* beurteilt *Krummer Hund* als vielschichtig und differenziert. Außergewöhnlich findet er die für einen Jugendroman ungewöhnliche erzählerische Gestaltung des Protagonisten Daniel:

„Interessant finde ich auch die Figur Daniels als Ich-Erzähler: Weil er […] an vielen Stellen begrenzt sympathisch rüberkommt, ist er fast schon so etwas wie eine Ausnahmeerscheinung in Jugendromanen.“[46]

Spannend

Auch **Alexandra Fichtler-Laube**, Rezensentin von *jugenbuch-couch.de*, beschreibt den Roman als vielschichtig. Außerdem sei er spannend zu lesen: „*Krummer Hund* ist ein vielschichtiger, geistreicher und atmosphärischer Roman, der berührt und packt.“[47]

Einfühlsam

Sylvia Schwab, Rezensentin des *Deutschlandfunk Kultur*, lobt das Einfühlungsvermögen der Autorin:

„Genau das ist die Stärke dieses Buches: Wie Juliane Pickel Daniel in der Ich-Form erzählen lässt, ist ungewöhnlich sensibel. So intensiv der Junge fühlt, so genau er sich selbst und die Men-

---

46 https://www.jugendbuchtipps.de/2021/08/16/buchbesprechung-juliane-pickel-krummer-hund/
47 https://www.jugendbuch-couch.de/titel/2754-krummer-hund/

Von links: Kofi Wahlen, Tenzin Chöney und Jessica Cuna in einer Inszenierung von *Krummer Hund* im Theater an der Parkaue (Berlin: 2024)
© Sinje Hasheider

schen um sich herum beobachtet, so präzise und einfühlsam schildert er, was ihn selbst und andere bewegt."[48]

Christian Schröder vom Berliner *Tagesspiegel* bewertet den Roman als sehr gelungen, der viel Lesevergnügen biete:

Gelungene Mischung

„Juliane Pickel jongliert in ihrem Debütroman mit Elementen von Coming-of-Age-Geschichte, Krimi und Liebesdrama. Ihre Sprache ist so genau wie gewitzt."[49]

---

48 https://www.deutschlandfunkkultur.de/juliane-pickel-krummer-hund-explosionen-unter-der-100.html

49 https://www.tagesspiegel.de/kultur/dein-herz-ist-ein-dunkles-loch-4288096.html

Griffige Dialoge

Katrin Hörnlein, Redakteurin der Wochenzeitung *Die Zeit*, zeigt sich angetan vom Einsatz wohldosierten Humors und den „filmreifen Dialogen".[50]

Theaterstück und Schullektüre

Der Roman *Krummer Hund* wurde für die **Bühne** adaptiert und erlebte am 23.10.2021 im *Theater an der Parkaue* in Berlin unter der Regie von Alexander Riemenschneider seine Uraufführung als Theaterstück. Der Roman wird zudem als **Schullektüre** eingesetzt.

Trailer zur Inszenierung von *Krummer Hund* im Theater Marienbad (2024)

50 https://verlag.zeit.de/freunde/lesen/buchempfehlung/katrin_hoernlein_empfiehlt_krummer_hund_von_juliane_pickel/

5 MATERIALIEN

Parentifizierung

Video über Parentifizierung

Fehlt ein Partner, fungiert ein Kind häufig als Partnerersatz und übernimmt in überzogenem Maße Funktionen, die eigentlich den Eltern zustehen. Diese Umkehr der Eltern-Kind-Beziehung wird mit dem Fachbegriff „Parentifizierung" bezeichnet.

Die Erziehungswissenschaftlerin Dr. phil. Kira Ammann von der Universität Bern (Schweiz) beschreibt den Mechanismus der Parentifizierung wie folgt:

> „Es kommt zu einer Umkehrung der Kinder- und Elternaufgaben. Das Kind soll Zuständigkeiten und Verantwortungen übernehmen, die nicht seinem Alter entsprechen und fühlt sich für das Glück der Eltern verantwortlich."[51]

Verlust eines Elternteils

Ursache für eine Parentifizierung ist der Verlust eines Elternteils. Dieser Verlust kann vielfältige Gründe haben. Es kann eine Scheidung ursächlich sein, eine schwere physische oder psychische Erkrankung des Elternteils oder der Tod eines Elternteils.

Entscheidend ist, dass der präsente Elternteil von der jeweiligen Situation überfordert ist und dem Kind Aufgaben und damit eine Verantwortlichkeit zuweist, die nicht altersgemäß sind. So zum Beispiel die Pflege des erkrankten Elternteils oder die Rolle als „Kummerkasten" für Probleme des Elternteils, auf die das Kind keinen Einfluss hat. Die Parentifizierung verursacht bei den davon betroffenen Kindern massive psychische Folgen wie Angst- und Essstörungen sowie depressive Erkrankungen und Entwicklungsstörungen.

---

51 https://www.familienleben.ch/kind/erziehung/parentifizierung-wenn-kinder-in-die-elternrolle-gedraengt-werden-8908

„‚Insbesondere die Autonomieentwicklung wird verhindert‘, erklärt Kira Ammann. ‚Für altersadäquate Entwicklungs- und Ablösungsprozesse ist kein Platz. Sich abzugrenzen und zu lernen, wie man Nein sagt, ist dann beispielsweise schwer.‘“[52]

Folgen

So kommt es, dass erwachsene Menschen, die als Kind von einer Parentifizierung betroffen waren, sich für Dinge verantwortlich fühlen, über die sie keinerlei Kontrolle haben, so zum Beispiel für das Glück anderer Menschen. Viele der Betroffenen haben zudem ein geringes Selbstwertgefühl, was vollkommen unangemessen ist, da sie über sehr gute soziale Eigenschaften verfügen: Sie sind verantwortungsbewusst und zeigen ein ausgeprägtes Einfühlungsvermögen.

Daniel sorgt sich um seine Mutter

Im Roman *Krummer Hund* ist Daniel von einer Parentifizierung betroffen. Er ist 15 Jahre alt und lebt seit fünf Jahren ohne Vater, der die Familie verlassen hat.[53] Daniel hat das nicht verarbeitet. Seine Mutter ist ihm dabei keine Hilfe, im Gegenteil, sie erwartet von ihm, dass er sie bei Problemen emotional auffängt. In der Regel sind das Probleme mit ihren diversen neuen Partnern, also Dinge, die Daniel nicht beeinflussen kann (vgl. S. 8–9). Allerdings beklagt sie sich nicht nur bei ihm, sondern gibt ihm auch die Schuld an dem jeweiligen Desaster. So wirft ihm die Mutter vor, dass er mit seiner „Verschlossenheit die Männer vertreibe" (S. 8). Nachdem Daniel auf einen Hund und dessen Besitzer losgegangen ist und Jennys Fahrrad zerstört hat, schickt die Mutter ihn zu einer Psychologin. Sie trifft diese Entscheidung nicht in erster Linie aus Fürsorge um Daniel, sondern um ihre Beziehung mit dem Tierarzt Thomas König nicht zu gefährden:

52 Ebd.

53 Siehe nächstes Kapitel im Matreialienteil: Vater-Sohn-Konflikt: der abwesende Vater.

> „‚Ich weiß nicht, woher du diese Beule an deinem Kopf hast, und es ist mir auch egal. Und ich weiß nicht, wie oft du so viel trinkst wie neulich. Aber was ich weiß, ist, dass du in Zukunft keine Hunde verprügelst und keine Fahrräder von irgendwelchen armen Mädchen demolierst.' Sie seufzt. ‚Thomas hat ganz sicher keine Lust darauf, sich mit einem halbstarken saufenden Schläger abzugeben.'" (S. 111)

Die Folgen dieses Verhaltens bei Daniel sind, wie nicht anders zu erwarten, gravierend. Sein Verhältnis zu seiner Mutter ist ambivalent[54] und schwankt zwischen Zuneigung und Abneigung, so heißt es im Text: „Manchmal wünschte ich, dass meine Mutter sich damals vom Acker gemacht hätte und nicht mein Vater." (S. 22)

Gleichzeitig möchte Daniel seine Mutter beschützen. Daher lässt er sich auf die Therapie bei Frau Stenzer ein (S. 119), die für seine Begriffe an dem eigentlichen Problem vorbeiredet und Fragen nach seiner Mutter stellen sollte:

> „Ich gucke sie an. Will die mich verarschen? Und was soll das ganze Gerede über meinen Vater überhaupt? Als wäre er irgendein Arschloch, auf das ich jetzt unheimlich sauer sein müsste. Hat sie sich mal mit meiner Mutter unterhalten? Darüber könnte man reden, und zwar ziemlich lange. Will ich aber nicht." (S. 122)

Gewalttätige Wut

Die bedrohlichste Folge von Daniels Parentifizierung ist eine ungeheure Wut, die mit einem massiven Kontrollverlust einhergeht. Daniel geht auf Gegenstände, Tiere und Menschen los: Nach einem Anruf seiner Mutter, in dem sie sich panisch-hysterisch über das Fernbleiben von Thomas König beklagt, zerstört Daniel Jenny Bluhms Fahrrad (S. 75–79).

54 Ambivalent: widersprüchlich, zwiespältig.

Vater-Sohn-Konflikte: der abwesende Vater

In der Kindheit werden teilweise die Grundlagen für psychische Erkrankungen eines Erwachsenen gelegt. Besonders negative Bindungserfahrungen durch das Fehlen eines Elternteils können hier für die weitere Lebensentwicklung einschneidend sein.

Trauma und Gefühlschaos

Neuere Untersuchungen im Bereich der Bindungsforschung zeigen, dass man „im Fall eines definitiven Vaterverlustes von einem vergleichbaren Trauma für das Kind ausgehen [muss] wie bei der Mutterentbehrung"[55]. Dabei ist es gleichgültig, ob die Trennung von der Mutter oder vom Vater ausging, zurück bleibt eine Mischung aus „Schuldgefühlen, Scham, Demütigung, Verlassensein, Enttäuschung, Wut, Hass und Rachebedürfnissen"[56]. Diese in ihrer Wucht nur sehr schwer zu verarbeitenden Gefühle bewirken eine Tabuisierung des Geschehens, es wird nicht darüber geredet. Es kommt zu Loyalitätskonflikten des verlassenen Kindes hinsichtlich der Eltern. Der abwesende Vater, der in der Vorstellung des Kindes durchaus noch präsent ist, wird, auch als „Abwehr der Enttäuschung"[57], idealisiert.

Tabuisierung verhindert eine authentische Erinnerung

Im Pickels Roman *Krummer Hund* werden alle diese gezeigten Details thematisiert. Daniel ist als zehnjähriger Junge von seinem Vater verlassen worden (S. 119–121). Seine Mutter ist nicht in der Lage, mit ihm darüber zu reden. Sie tabuisiert die Trennung und verweigert Daniel ein Gespräch darüber:

> „‚Für mich *ist* er tot', sagt meine Mutter dann. ‚Gestorben, als er in sein Auto gestiegen ist und seinen Sohn zurückgelassen hat.'
> Das sagt sie immer – dass er *seinen* Sohn zurückgelassen hat. […] Manchmal hasse ich sie dafür, dass sie mir nichts über meinen Vater erzählt. Ich habe ja nur das, an das ich mich erinnere.

---

55 https://www.aerzteblatt.de/archiv/55842/Psychosoziale-Folgen-des-Vaterverlusts-Vergleichbares-Trauma-wie-beim-Verlust-der-Mutter

56 Ebd.

57 https://pada.psycharchives.org/bitstream/8f5555a1-5114-4d1d-a2da-f0ba64e290e9

> Wenn ich sie nach ihm frage, sagt sie meistens, dass sie keine Lust hat, über ihn zu reden. Sie hat alle Fotos weggeworfen, alle Sachen von ihm." (S. 54–55)

In Daniels Vorstellung ist der Vater aber durchaus noch präsent, er phantasiert ihn sich herbei:

> „Es ist nämlich so: Wenn ich mir meinen Vater mit aller Kraft vorstelle, wenn ich so richtig intensiv an ihn denke, ist er plötzlich da. Ich kann ihn vor mir sehen, als wäre er real. Ich bin nicht irre oder so, ich weiß, dass er das nicht wirklich ist, aber irgendwie ist er es doch." (S. 14–15)

Imagination und Idealisierung

Daniel beschwört den Vater in der Regel in für ihn schwierigen Situationen herauf, so zum Beispiel als er Ozzy begraben muss (S. 14) oder im Erstgespräch mit der Psychologin Frau Stenzer (S. 122–123). Der virtuelle Vater gibt ihm Halt. Später, als Daniel das Verhalten seines Vaters zu hinterfragen beginnt, wird die Imagination bedrohlich (vgl. S. 178–179). Zunächst jedoch ist Daniel dem abwesenden Vater gegenüber loyal (vgl. S. 119). So gerät er, als seine Mutter ihm von der fehlenden Fürsorge seines Vaters während seiner Krankheit erzählt, derart in Rage, dass er parkenden Autos die Außenspiegel wegtritt (S. 153–157). Er kann die Demontage des von ihm idealisierten Vaters nicht ertragen.

Der Vater hat Daniel verlassen

Wie oben erläutert, ist die Idealisierung des Vaters die Antwort auf eine tiefe Enttäuschung durch den Vater. Daniel will lange nicht wahrhaben, dass sein Vater ihn im Stich gelassen, ihn zutiefst verletzt hat. Letztlich aber gesteht er sich ein, dass es genau so ist. Einen Zusammenhang mit seinen Gefühlen und der ungeheuren Wut, die ihn zum Gewalttäter werden lässt, sieht er jedoch lange Zeit nicht. Die Psychologin Frau Stenzer durchbricht sein Verdrängen und Verschweigen inklusive Vateridealisierung, indem sie Daniel mit der Rücksichtslosigkeit des väterlichen Handelns konfrontiert:

„‚Seinen zehnjährigen Sohn zu verlassen, ist eine harte Entscheidung‘, sagt Frau Stenzer, und der Satz ist wie ein Stein, den jemand nach mir wirft, ich versuche ihm auszuweichen, aber ich bin nicht schnell genug. Er trifft mich mit voller Wucht.“ (S. 170)

Dadurch beginnt Daniel, seinen Vater und seine eigene Position als dessen Sohn zu hinterfragen (S. 170–171). Er bricht schließlich die Tabuisierung auf, indem er seine Mutter auffordert, ihn endlich zur Kenntnis zu nehmen und mit ihm zu reden:

„Frag mich doch zum Beispiel, wie das alles für *mich* war, seit er weg ist‘, sage ich. ‚Wie *ich* das finde, dass ein bescheuerter Idiot nach dem anderen zu uns nach Hause kommt und dir dein verdammtes Herz bricht! […] Und dass du zulassen wirst, dass sie es tun! Und dass du dabei vergisst, dass es mich überhaupt gibt. Dass ich immer noch da bin. Dass ich bleibe.‘“ (S. 210)

6 PRÜFUNGSAUFGABEN MIT MUSTERLÖSUNGEN

Die Zahl der Sternchen bezeichnet das Anforderungsniveau der jeweiligen Aufgabe.

Aufgabe 1 *

Zeigen Sie die einzelnen Ereignisse auf, die bei Daniel zu einem gewalttätigen Kontrollverlust führen. Belegen Sie Ihre Ausführungen mit geeigneten Zitaten aus dem Text.

Mögliche Lösung in knapper Fassung:

Daniels Kontrollverluste sind die Folgen von verdrängten Emotionen und psychischen Belastungen. Eine solche für Daniel schwierige Situation zeigt sich gleich zu Beginn des Romans: Der Tierarzt Thomas König schläfert seinen geliebten Hund Ozzy ein. Zwar wusste Daniel, dass Ozzy nicht gesund war, doch mit einer Tötung Ozzys hatte er beim Tierarztbesuch nicht gerechnet: „Er hatte Krebs. Wie ein Mensch. Als wir heute hierherkamen, wusste ich trotzdem nicht, dass er nicht mehr nach Hause zurückkommen würde. Aber der Doc hat mir keine Wahl gelassen: ‚Bist du einverstanden, wenn ich ihn jetzt erlöse?'" (S. 6)

Daniel gibt sein Einverständnis, doch er hat das Gefühl, „auf ganz miese Art reingelegt worden zu sein" (S. 6). Dies und der Umstand, dass Thomas König sich nach der Tötung Ozzys mit Daniels Mutter für den Abend zu einem Date verabredet, erzeugen in Daniel eine ungeheure Wut auf diesen Mann. Allerdings verbalisiert Daniel seine Wut nicht, sondern beschädigt den teuren Sportwagen des Tierarztes, indem er mit einem Schlüssel „mit immer festerem Druck eine schöne gleichmäßige Linie über den strahlenden Lack" (S. 11–12) zieht. So lässt er den Wagen des Tierarztes gewissermaßen für das in seinen Augen unangemessene Verhalten seines Besitzers büßen.

Auch die Attacke gegen den Hundebesitzer und seinen Dobermann steht mit Ozzys Tod in Zusammenhang. Daniel begegnet den beiden ausgerechnet in dem Park, den er oft mit Ozzy besucht hatte (S. 31). Dabei wird Daniel schmerzlich bewusst, dass Ozzy tot ist. Daniel versucht, Hund und Besitzer und dessen bohrenden Fragen aus dem Weg zu gehen. Wie schon bei Thomas König schweigt Daniel auch hier und versucht, seine Trauer zu verdrängen. Als der Hund ihn jedoch wiederholt angeht, bringt ihn dieses Verhalten an seine Grenzen. Als der Besitzer sich dann darüber noch amüsiert zeigt („Der will dich trösten, [...] weil dein Hund weg ist!"), fühlt sich Daniel verspottet. Dies und der Umstand, dass der Mann im Gegensatz zu ihm noch seinen Hund hat, macht Daniel Ozzys Tod schmerzlich bewusst. Die tiefe Trauer schlägt in Wut um und führt zu der Attacke auf den Dobermann und auch noch auf sein Herrchen (vgl. S. 32–34).

Bei der Zerstörung von Jenny Bluhms Rad durch Daniel spielt die Gemütsverfassung seiner Mutter eine große Rolle. Als Thomas König nicht zu einer Verabredung erscheint, ruft Frau Winkler ihren Sohn panisch an: „Mein Handy vibriert. ‚Danny?' Den Tonfall kenne ich. Alarmstufe Rot. ‚Thomas ist weg.' Meine Mutter versucht, ihre Panik zu verbergen, aber ich höre sie ganz deutlich in ihrer Stimme. ‚Wieso weg?', frage ich. ‚Er müsste längs da sein. Wir wollten essen und dann ins Kino.' Ihre Angst ist zurück. Ihre Stimme zittert davon. Ich will damit nichts zu tun haben, aber es ist, als würde sie mit ihren Worten durch mein Ohr in meinen Kopf fließen." (S. 75–76)

Daniel sieht sich einer erneuten Situation des Verlassenwerdens ausgesetzt, wie er sie bereits mit dem Vater erlebt hatte sowie mit 13 anderen Männern in fünf Jahren. Daniel möchte der Angst seiner Mutter entfliehen (vgl. S. 76), doch es gelingt nicht, seine Mutter setzt ihm weiter zu: „Mein Handy vibriert wieder. *Er ist immer noch nicht da, Danny*. Ich starre auf die Nachricht, und ich sehe die großen Augen meiner Mutter vor mir, mit denen sie mich in den Abgrund zieht. *Was, wenn er nicht wiederkommt?* Eben habe ich noch gefroren, aber jetzt wird mir langsam immer heißer." (S. 77) Seine Mutter lässt ihn weiterhin nicht in Ruhe und das erbittert Daniel. Es ist aber nicht nur das mögliche Scheitern einer 14. Beziehung und das theatralische Verhalten seiner Mutter, was Daniel zusetzt, sondern die Aussicht, wieder einmal für das Scheitern der Partnerschaft verantwortlich gemacht zu werden, wie es seine Mutter in unverantwortlicher Art und Weise stets tut (vgl. S. 8). Diesen Gefühlsmix aus Hilflosigkeit und Erbitterung reagiert Daniel an Jenny Bluhms Fahrrad ab (S. 78).

Auch bei der Beschädigung parkender Autos durch Daniel spielt ein Disput mit seiner Mutter eine gewisse Rolle. Sie konfrontiert Daniel mit der unbequemen Wahrheit, dass er von seinem Vater massiv vernachlässigt worden ist (S. 155). Daniel, der seinen Vater idealisiert und nur das Positive sehen will, will davon nichts wissen: „‚Schwachsinn', sage ich. Ich will nicht, dass sie noch mehr Mist über meinen Vater erzählt, aber sie macht weiter. ‚Ich weiß, du willst so was nicht hören, Danny. Aber dein Vater war kein Vatertyp. Er war … er war ein Clown!'" (S. 156) Daniel redet sich ein, dass seine Mutter lügt, gleichzeitig imaginiert er den Vater. Doch anders als in den bisherigen Situationen entsteht hier keine Verbindung zwischen Sohn und dem Vaterbild (S. 156–157). Er kommt der Imagination nicht näher und aus Wut darüber tritt der einsame Daniel die Seitenspiegel der Autos ab.

Daniels Kontrollverlust kulminiert schließlich in seinem Gewaltausbruch gegen den jüngeren Schüler Felix (vgl. S. 182–183). Die Situation entwickelt sich, als Daniel im Unterricht mit Philipp Archer konfrontiert wird, den er bei der Polizei zu Unrecht als Unfallfahrer beschuldigt hatte (S. 151). Daniel ist der Konfrontation nicht gewachsen (S. 177) und ergreift die Flucht. Er erinnert sich ausgerechnet jetzt an die nächtliche Autofahrt mit Thomas König nach der Party und dessen plötzliches Bremsmanöver, wobei sich Daniel den Kopf anschlägt (S. 181–182). Dies in Kombination mit irritierenden Imaginationen seines Vaters „auf einem Stern" lassen Daniel komplett „durchknallen" und mit Gewalt auf den schwachen Felix losgehen (vgl. S. 182–183).

Als Daniel gegen Ende des Romans Thomas Königs Tierarztpraxis betritt, um Licht in das nächtliche Geschehen nach der Party zu bringen, wird er wieder an Ozzys Tod erinnert (S. 237). Die Gesamtsituation mit der Trauer um Ozzy und dem Verdacht gegen Thomas König, dass dieser Pascal von Wildern überfahren haben könnte, überfordern den 15-Jährigen emotional. Er verstrickt sich in Verdächtigungen und anderen abstrusen Anschuldigungen (S. 238–244) und hat Angst um seine Mutter. Als der Tierarzt ihn schließlich berührt, explodiert er: Mit den Worten „Du bist ein verdammter Mörder!" (S. 244) beschimpft er den Tierarzt und randaliert in dessen Praxis.

Daniel erfährt vom Tierarzt, dass er auch nach Falk Venners Party „ausgeklinkt" ist, und dadurch der Scheinwerfer seines Lotus beschädigt wurde (vgl. S. 247–248). Der Grund für Daniels Ausraster ist unklar. Nach Aussage von Thomas König war Daniel stark alkoholisiert, schlaftrunken und hat mit jemanden geredet: Daniel vermutet ein Gespräch mit seinem imaginierten Vater, kann sich jedoch auch nach diesen Ausführungen nicht an die Partynacht und die genauen Details erinnern.

Aufgabe 2 **

Zeigen Sie unter Verwendung geeigneter Zitate Daniels Beziehung zu Tierarzt Thomas König.

Mögliche Lösung in knapper Fassung:

Daniels Beziehung zu Tierarzt Thomas König durchläuft die Stadien Abneigung, skeptische Sympathie, Angst und Unsicherheit und schließlich Vertrauen.

Die Umstände, unter denen Daniel Thomas König kennenlernt, sind für Daniel traurig. Tierarzt König schläfert Daniels geliebten, an Krebs erkrankten Ozzy ein, um ihm weitere Schmerzen zu ersparen (vgl. S. 6). Daniel fühlt sich von dem zügigen Vorgehen des Tierarztes überrumpelt: „Aber dann ging alles so schnell und ich wusste nicht, wie ich mich verabschieden sollte. Wie verabschiedet man einen Hund in den Tod? Als er seufzend in sich zusammengesackt ist, kapitulierend wie nach einer langen Schlacht, hatte ich das Gefühl, auf ganz miese Art reingelegt worden zu sein." (S. 6) In der Folge ist König für Daniel eine Unperson: „*Thomas König, Hundemörder*, denke ich." (S. 6)

Diese Positionierung ist für Daniel zunächst unwiderruflich, auch dann noch, als Thomas König mit Daniels Mutter eine Beziehung beginnt und so in Daniels Leben präsent bleibt. Daniel verweigert eine emotionale Annäherung: „Er wird von *Herr König* zu *Thomas* werden, auch wenn ich ihn nicht so nennen werde." (S. 8) Das liegt nicht nur daran, dass Tierarzt König

Ozzy eingeschläfert hat, sondern auch daran, dass Daniel angesichts der zahlreichen zerbrochenen Beziehungen seiner Mutter mit einem neuerlichen Fiasko rechnet und daher keine Gefühle investieren will, um später nicht auch enttäuscht zu werden. Entsprechend betrachtet er Thomas König als etwas Vorübergehendes in seinem Leben: „*Thomas König, Aushilfsvater*." (S. 38) Alles in allem ist Thomas König für Daniel ein Störenfried und Eindringling: „*Thomas König, Hausbesetzer*." (S. 53) Obwohl er die Vorzüge von Thomas Königs guter Küche schon früh zu schätzen weiß: „Trink. Es hilft." [...] Und ich weiß nicht, warum, aber ich trinke das ganze Glas auf einmal leer. Es hilft." (S. 23)

Daniels Einstellung zu Thomas König beginnt sich grundlegend zu ändern, nachdem der Tierarzt einen Grabstein für Ozzy hat anfertigen lassen. Daniel ist überrascht und zutiefst bewegt: „Ich schaffe es, nicht zu heulen, aber ich bin *so* kurz davor." (S. 100) Diese Geste veranlasst Daniel, seine Einstellung gegenüber dem Tierarzt zu überdenken: „In meinem Kopf prüfe ich ganz kurz, wie es wäre, wenn ich den Doc *Thomas* nennen würde, irgendwann vielleicht mal. Ich denke mal drüber nach." (S. 101)

Trotz der aufkeimenden Sympathie für König bleibt bei Daniel aber doch eine gewisse Skepsis. Beispielhaft zeigt sich dies in jener Situation, in der er von seiner Mutter gefragt wird, ob er nicht auch möchte, dass Thomas König bei ihnen bleibt: „‚Ja ... schon ...', sage ich, während in meinem Kopf ein kurzes Stimmen-Duell stattfindet zwischen dem Lager der Doc-Gegner (‚Der Typ ist suspekt! Weg mit dem!') und dem der Doc-Befürworter (‚Endlich mal ein guter Typ! Versau das nicht!')." (S. 112) Immerhin lehnt er Thomas König, der ihn auch vertrauensvoll mit seinem teuren Sportwagen auf einem Parkplatz fahren lässt (vgl. S. 40 f.: „Ich sehe zum Doc rüber. Er hat die Augen geschlossen."), nicht mehr rundweg ab.

Nach dem Tod von Pascal von Wildern vermutet Daniel, dass Thomas König etwas mit dem Unfall von Pascal zu tun haben könnte. Die für Daniel erdrückenden Indizien führen dazu, dass Daniels Gefühle für Tomas König von Angst und Unsicherheit geprägt sind, die schließlich gegen Ende des Romans in eine schwerwiegende Beschuldigung gipfeln.

Zunächst jedoch ist Daniel selbst skeptisch, als er aus der Behauptung Falk Venners, dass ein Sportwagenfahrer Pascal von Wildern getötet haben soll, einen ersten Verdacht gegen König konstruiert: „*Thomas König, Prinzessinnenbrudermörder*, denke ich, nur so zur Probe, und erschrecke mich selbst darüber." (S. 126)

In der Folge wechselt seine Skepsis zu regelrechter Angst, dass König wirklich der Unfallfahrer sein könnte. Diese Angst verstärkt sich angesichts des defekten Scheinwerfers an Königs Sportwagen (vgl. S. 103) und des nächtlichen Bremsmanövers, das Danny wieder einfällt (vgl. S.181–182). Inzwischen hat er große Sympathie für Thomas König, was ihm nach seinem eintägigen Praktikum in dessen Praxis klar wird (vgl. S. 143). Er möchte ihn in seinem Leben behalten und weiß doch nicht, wie er Thomas König einschätzen soll, was ihn zutiefst verunsichert: „Was bist du denn nun, Thomas König, denke ich, Killer oder Superman? Zeig mir verdammt noch mal dein wahres Gesicht." (S. 162)

Dannys düsterer Blick auf die Welt (vgl. S. 243) und seine Unfähigkeit zu vertrauen und somit an die Unschuld des Tierarztes zu glauben, wendet die Sache wieder gegen Thomas König. Daniel hält ihn für den Unfallfahrer und Mörder von Pascal: „*Thomas König, Prinzessinnenbrudermörder*." (S. 240) Thomas König ist also vom „*Hundemörder*" (S.6) zum Mörder von Pascal von Wildern geworden.

Kommen wir zum letzten Stadium der Beziehung zwischen Daniel und Thomas König, dem Stadium des Vertrauens. Es ist das Resultat einer Aussprache zwischen dem 15-Jährigen und Thomas König. Der Tierarzt sorgt für die Klarheit, die Daniel in seiner Angst und Verstiegenheit gefehlt hat und die ihn letztlich davon überzeugt, dass er Thomas König vertrauen kann: „*Thomas-König, Die-Wahrheit-Sager*, denke ich und betaste die Worte. Ob sie wirklich stimmen, weiß ich nicht. Aber sie fühlen sich glatter an als die scharfe Kante in meiner Hand." (S. 252)

Aufgabe 3 ***

Zeigen Sie unter Verwendung geeigneter Zitate, welche Rolle der Hund Ozzy in Juliane Pickels Roman *Krummer Hund* spielt.

Mögliche Lösung in knapper Fassung:

Der Roman startet mit Ozzys Tod. Er war ein Geschenk von Daniels Vater, kurz vor seinem Verschwinden: „Ich weiß noch, dass Ozzy im Vorgarten herumsprang und nach Insekten schnappte. Mein Vater hatte ihn mir an dem Morgen mitgebracht. Er stand in meinem Zimmer, Ozzy auf dem Arm. Er hat ihn mir ins Bett gesetzt und Ozzy hat mir das Gesicht abgeleckt und dabei vor Aufregung auf meine Decke gepinkelt, und ich habe ihn auf der Stelle geliebt und es tat vom ersten Moment an weh, weil irgendwas in mir wusste, dass dieses seltsame pinkelnde Viech ein Abschiedsgeschenk war." (S. 120–121)

In der Literaturwissenschaft steht der Hund u. a. für Treue: Ozzy hat Daniel geliebt. Diese Emotion lässt sich auch Daniel zuordnen, sowohl im Hinblick auf Ozzy, vor allem aber im Hinblick auf den Vater. Ozzy ist für Daniel das Bindeglied zu seinem Vater, und so ist Daniels Liebe zu Ozzy im Grunde genommen die Liebe zu seinem Vater: „Meine Mutter hat ihn gehasst – aus denselben Gründen, aus denen ich ihn geliebt habe. Weil er das Einzige war, das von meinem Vater bei uns geblieben ist." (S. 7) Gleichzeitig ist die Existenz Ozzys für Daniel ein Mittel, seinen Vater zu idealisieren: „‚Dieser Hund', sagt meine Mutter mit Blick auf Ozzys Grab. ‚Dieses stinkende, tapsige Viech …' Ich höre, dass sie es nicht böse meint. ‚Ich weiß, dass es dich davor bewahrt hat, die Wahrheit über deinen Vater zu sehen.'" (S. 208)

Durch Ozzys Existenz und auch durch Daniels Imaginationen war der Vater immer noch in Daniels Leben präsent. Hund und imaginierter Vater bildeten gewissermaßen eine Einheit.

Nach Ozzys Tod überlegt Daniel, ob der Vater nicht von Ozzys Tod erfahren müsse: „Mein Vater sollte doch eigentlich wissen, dass er tot ist, denke ich." (S. 10) Angesichts des toten Ozzy wird ihm die Abwesenheit des Vaters schmerzlich bewusst: „Und ich frage mich plötzlich, was ohne meinen

Hund eigentlich von mir übrig bleibt." (S. 34) Dieser Satz hat eine doppelte Bedeutung. Einmal drückt er Daniels Trauer um Ozzy aus, andererseits steht er für Daniels Verlorenheit. Daniel fühlt sich, als wäre er zum zweiten Mal vom Vater verlassen worden, denn durch Ozzys Tod ist die Verbindung zum Vater gekappt.

Ozzys Beerdigung ist ebenfalls von doppelter Bedeutung. Vordergründig legt Daniel den toten Ozzy in die Erde: „Als das Loch fertig ist, ist es schon dunkel. Mit steifen Armen hebe ich den toten Ozzy hoch. Ich denke an meinen Vater, damals, wie er dastand, Ozzy auf dem Arm, ein Grinsen im Gesicht." (S. 14) Und: „Die Erde in das Grab reinzuschaufeln ist der schwierigste Teil. Ich denke, dass Ozzy darunter keine Luft kriegt. Ich muss mich zwingen, weiterzumachen, bis sein Körper vollständig bedeckt ist. Als ich fertig bin, horche ich noch eine ganze Weile, ob er winselt oder bellt. Erst als ich absolut sicher bin, dass ich nichts höre, gehe ich ins Haus." (S. 15)

Auf der Bedeutungsebene ist dies der Beginn der Verabschiedung des Vaters, von dem Daniel sich im Verlauf der Handlung mehr und mehr distanzieren wird (vgl. S. 171 und S. 183). Ozzy wird von Thomas König eingeschläfert. Dies ist symbolisch zu interpretieren. Das Konkrete ist die Tötung Ozzys durch Thomas König, worauf Daniel mit einer Mischung aus Schock und Wut reagiert: „Mein Hund ist tot und ich bin allein, und ich kratze einmal um den ganzen Wagen herum und dann noch mal und ich fühle gar nichts dabei." (S. 12) Dazu kommt das für ihn geschmacklose Verhalten von Daniels Mutter und dem Tierarzt: „Ich hasse beide dafür, dass sie über Sushi reden, während mein Hund, der gerade noch ein richtiger Hund war, jetzt groß und tot auf dem kalten Metalltisch liegt und seine Hundeseele wie ein aufgescheuchter Vogel durchs Zimmer fliegt und einen Ausgang sucht."(S. 6) Thomas König wird bei den Winklers einziehen und auch die Vaterrolle einnehmen (S. 256): Dies ist die abstrakte Ebene des gezeigten Symbols.

Zusammengefasst lässt sich also sagen, dass Ozzy das Bindeglied zwischen Daniel und seinem Vater war. Mit Ozzys Tod ist das Bindeglied zwischen Daniel und seinem leiblichen Vater verschwunden. Die Beerdigung Ozzys ist ein Symbol für die Bestattung des verschwundenen Vaters, an dessen Stelle ein vertrauensvoller und zuverlässiger Thomas König tritt, der auch Daniels Mutter wieder Halt und neue Zuversicht gibt.

Lernskizze 1: Aufbau

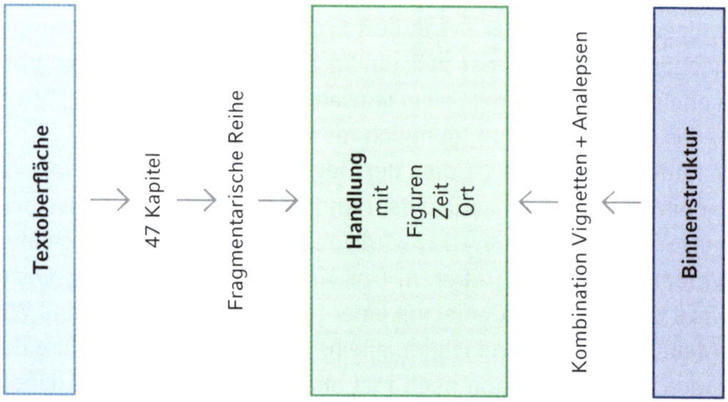

Lernskizze 2: Daniel und seine Mutter

Daniel		Daniels Mutter
15 Jahre alt, vermisst seinen Vater	vermisst Zuwendung →	hat zahlreiche kurze Männerbeziehungen
einsam und leidet unter dem Verlust seines Hundes „Ozzy“; massiver Kontrollverlust	← Enttäuschung	ist mit Daniels Verhalten überfordert
wünscht sich mehr Zuwendung und Kommunikation über den Vater und die häusliche Situation	← Annäherung →	zeigt Einsicht und wendet sich Daniel zu: Gespräch über Daniels Vater und Überlassen der Fotobücher

Lernskizze 3: Daniel und Alina

Daniel Winkler		Alina von Wildern
Abneigung	← Aversion →	Abneigung
zeigt Mitgefühl nach Unfalltod von Pascal	Empathie →	tiefe Trauer um den Bruder
nimmt Alinas Gefühle an	← Zuwendung	beginnt Daniel zu vertrauen
verliebt sich in Alina	← Liebe →	verliebt sich in Daniel
wirft Alina ihren Sadismus vor	Verhaltensänderung →	Bedauern
Einsicht	← Verhaltensänderung	wirft ihm Verantwortungslosigkeit vor

Lernskizze 4: Die Daniel charakterisierenden Motivketten

Doppelgänger (repräsentativ)	**Feuer/Hitze** (repräsentativ	**Imagination des Vaters** (repräsentativ)
▪ schaut sich bei von ihm ausgeführten destruktiven Handlungen zu (vgl. S. 11, S. 33 f.) ▪ trennt zwischen dem eigentlichen Daniel und dem destruktiven Daniel (vgl. S. 79, S. 122) ▪ fühlt sich außerhalb der Gesellschaft stehend (S. 48)	▪ Hitze als prägende Erinnerung, als der Vater die Familie verlässt (vgl. S. 119 f.) ▪ fieberartige Zustände in ihn verunsichernden Situationen bzw. Entwicklungen (vgl. S. 83, S. 147, S. 178) ▪ Hitze entweicht nach Klärung der ihn belastenden Umstände (S. 246, S. 249)	▪ imaginiert den Vater in für ihn schwierigen Situationen, so nach dem Tod Ozzys (S. 14 f.) ▪ pflegt mit dem Vater einen imaginären Austausch über für ihn wichtige Dinge (S. 55) ▪ Veränderung des zuvor positiven Vaterbildes in ein realistisches (S. 170 f.) ▪ Distanz zum Vater (S. 183)

→

Daniels Charakter ist geprägt von …
▪ **Einsamkeit** ▪ **tiefer Verunsicherung** ▪ **zunächst positivem, dann kritischem Vaterbild** ▪ **Ich-Verlust** ▪ **Kontrollverlust**

Lernskizze 5: Daniels Verdacht und Verzweiflung

Geschehen	Daniels Emotionen
Der Tierarzt Thomas König tötet Daniels Hund „Ozzy".	Hass
Thomas König wird der neue Mann im Leben von Daniels Mutter.	Misstrauen
Thomas König zeigt Verständnis für Daniel.	beginnt Thomas König zu mögen
Ein Sportwagenfahrer soll Pascal von Wildern getötet haben.	aufkeimender Verdacht gegen Thomas König
Daniel verbringt einen harmonischen Abend mit seiner Mutter und Thomas König.	Daniel genießt das angenehme Zusammensein mit dem Doc.
Daniel entdeckt den defekten Scheinwerfer an Thomas Königs Auto.	Daniels Anfangsverdacht gegen den Tierarzt erhärtet sich.
Daniel und Alina finden an der Unfallstelle ein Stück Plastik.	Daniel befürchtet, dass das Plastikteil von Thomas Königs Auto ist.
Daniel setzt die Polizei auf Archer an.	Hoffnung, dass Thomas König doch unschuldig ist.
Archer kann den Verdacht entkräften.	Daniels Angst, dass König doch der Unfallfahrer ist; Angst davor, dass seine Mutter erneut vor einer gescheiterten Beziehung steht.
Daniel kann kaum schlafen und essen.	Handlungsdruck (Plastikteil prüfen/klärendes Gespräch mit Thomas König)
Daniel konfrontiert Thomas König mit seinem Verdacht, den dieser entkräften kann.	Daniel glaubt König und gibt sein Misstrauen gegen ihn auf.

Lernskizze 6: Erzählsituation

Ich-Erzählsituation

↓

1. Person Singular

↓

Erzählerfigur = Handlungsfigur

↓ ↓

Erzählendes Ich = Erlebendes Ich

Zeitliches Kontinuum

- Außensicht in Bezug auf Andere
- Innensicht in Bezug auf sich selbst

↓

Nähe zur personalen Erzählsituation
(Introspektion, Reflexion)

LITERATUR

Zitierte Ausgabe:

Pickel, Juliane: *Krummer Hund*. Weinheim: Gulliver, 2022.

Über die Autorin:

Homepage von Juliane Pickel: https://www.juliane-pickel.de/
Verlagsseite über Juliane Pickel: https://www.beltz.de/kinderbuch_jugendbuch/autor_innen/autorenseite/91891-juliane-pickel.html

Über den Roman *Krummer Hund*:

Cronenberg, Ulf: *Buchbesprechung: Juliane Pickel „Krummer Hund"*. In: Jugendbuchtipps.de, 16.8.2021. https://www.jugendbuchtipps.de/2021/08/16/buchbesprechung-juliane-pickel-krummer-hund/ → Rezension

Fichtler-Laube, Alexandra: *Ein fesselnder und vielschichtiger Roman für Teenager.* In: jugendbuchcouch.de, undatiert. https://www.jugendbuch-couch.de/titel/2754-krummer-hund/ → Rezension

Hörnlein, Katrin: *Was wir lesen #82.* In: Freunde der Zeit, undatiert. https://verlag.zeit.de/freunde/lesen/buchempfehlung/katrin_hoernlein_empfiehlt_krummer_hund_von_juliane_pickel/ → Rezension

Knödler, Christine: *Im Gespräch mit Jugendbuchautorin Juliane Pickel*. https://www.youtube.com/watch?v=qSdtOmW4XWw → Juliane Pickel im Gespräch mit Podcasterin Christine Knödler

Knödler, Christine: *Juliane Pickel – Kranichsteiner Jugendliteratur-Stipendiatin 2022*. https://www.youtube.com/watch?v=GQ9UiQwkc7c → Juliane Pickel als Jugendliteratur-Stipendiatin im Gespräch mit der Jurorin Christine Knödler

Sauer, Anne: *Juliane Pickel über Wut, Familien und Freundschaft.* 26.5.2021. https://www.youtube.com/watch?v=vYyaC0-xtsE → Interview

Schröder, Christian: *Roman Krummer Hund. Dein Herz ist ein dunkles Loch.* In: Tagesspiegel, 4.11.2021. https://www.tagesspiegel.de/kultur/dein-herz-ist-ein-dunkles-loch-4288096.html → Rezension

Schwab, Sylvia: *Explosionen unter der Schädeldecke*. In: Deutschlandfunk Kultur, 19.5.2021. https://www.deutschlandfunkkultur.de/juliane-pickel-krummer-hund-explosionen-unter-der-100.html → Rezension

Theater an der Parkaue Berlin: *Juliane Pickel: Krummer Hund.* https://www.parkaue.de/download/4574/begleitmaterial_krummer_hund.pdf

Wegmann, Ute: *Die Schriftstellerin Juliane Pickel im Gespräch.* In: Deutschlandfunk, 9.9.2023. https://www.deutschlandfunk.de/die-schriftstellerin-juliane-pickel-im-gespraech-dlf-6651a23a-100.html → Interview

Übergreifende Darstellungen:

Capote, Truman: *Kaltblütig.* Reinbek bei Hamburg: rororo, 2014.

Di Pane, Fatima: *Parentifizierung: Wenn Kinder in die Elternrolle gedrängt werden.* Undatiert. https://www.familienleben.ch/kind/erziehung/parentifizierung-wenn-kinder-in-die-elternrolle-gedraengt-werden-8908 → Kurze Beschreibung der Eltern-Kind-Umkehr

Dobmeier, Julia: *Depersonalisation.* In: NetDoctor.de, 9.7.2021. https://www.netdoktor.de/krankheiten/depersonalisation/

Meid, Volker: *Sachwörterbuch zur deutschen Literatur.* Stuttgart: Reclam, 1999.

Metzger, Hans-Geert: *Idealisierung und Entwertung des Vaters.* In: Praxis der Kinderpsychologie und Kinderpsychiatrie 59 (2010). Göttingen: Vandenhoeck & Rupprecht, 2010, S. 657–668. https://pada.psycharchives.org/bitstream/8f5555a1-5114-4d1d-a2da-f0ba64e290e9

Petri, Horst Prof. Dr. med.: *Psychosoziale Folgen des Vaterverlusts: Vergleichbares Trauma wie beim Verlust der Mutter.* In: Deutsches Ärzteblatt, 2007; 104(22): A-1572. https://www.aerzteblatt.de/archiv/55842/Psychosoziale-Folgen-des-Vaterverlusts-Vergleichbares-Trauma-wie-beim-Verlust-der-Mutter

Alle Verlinkungen Stand 4.6.2024